U0631588

微课在高中化学教学中的应用研究

杨亚利　周兴伟　金科丽◎著

中国出版集团　现代出版社

图书在版编目（CIP）数据

微课在高中化学教学中的应用研究 / 杨亚利 , 周兴伟 , 金科丽著 . -- 北京 : 现代出版社 , 2023.7

ISBN 978-7-5231-0398-2

Ⅰ . ①微… Ⅱ . ①杨… ②周… ③金… Ⅲ . ①中学化学课－课堂教学－教学研究－高中 Ⅳ . ① G633.82

中国国家版本馆 CIP 数据核字 (2023) 第 118107 号

微课在高中化学教学中的应用研究

作　　者	杨亚利　周兴伟　金科丽
责任编辑	吴永静
出版发行	现代出版社
地　　址	北京市朝阳区安外安华里 504 号
邮　　编	100011
电　　话	010-64267325　64245264（传真）
网　　址	www.1980xd.com
电子邮箱	xiandai@cnpitc.com.cn
印　　刷	北京四海锦诚印刷技术有限公司
版　　次	2024 年 4 月第 1 版　2024 年 4 月第 1 次印刷
开　　本	185mm×260mm　1 /16
印　　张	10.75
字　　数	243 千字
书　　号	ISBN 978-7-5231-0398-2
定　　价	58.00 元

版权所有，侵权必究，未经许可，不得转载

前　言

信息技术背景下，教育手段也与时俱进，现代化的新型教学手段层出不穷。微课作为一种新型的教学手段，是教育信息化的产物，将微课资源与高中化学课堂教学过程整合起来，不仅能激发学生的学习兴趣，同时也能化解知识重难点，从而显著提升课堂教学质量。

基于此，笔者以"微课在高中化学教学中的应用研究"为题，具体探讨微课与高中化学教学理论，并对微课在高中化学课堂教学中的应用、微课在高中化学教学设计中的应用、微课在高中化学教学方法中的应用、微课在高中化学教学模式中的应用、微课在高中化学教学实践中的应用等内容进行研究。

本书具有以下特色值得一提。

1.结构合理。本书从基础的角度切入，对全书的整体架构、章节内容做了科学编排，较为系统地讲解了微课在高中化学教学中的应用研究。

2.通俗易懂。本书内容的安排依照循序渐进的原则，充分引进、消化、吸收化学教学相关理论的基础上，根据化学学科的特点，对从理论和创新层面的化学教学深入剖析。

此外，本书在努力做到科学性、研究性的同时，还力求客观实用、理论与实践相结合，从创新的角度出发，将高中化学教学与微课相结合，探寻促进我国高中化学教学的创新对策。

由于水平有限，书中难免存在不足之处，恳请同行和各位读者批评指正。

目 录

第一章　微课与高中化学教学理论

第一节　微课的内涵与特点

一、微课的内涵

"微课"是指在课堂教学过程中，教师会把所有的注意力聚焦于其中的一个知识点（如课程的重点、疑点、难点）或者技能等专一的教学任务，并对其开展教学活动时所用的一种方法，这种方法有着清晰的目标、强烈的导向性、教学时间较短等特征。

微课的时间虽然相对而言比较短，但其组成成分比较完整，有主要部分和次要部分。其中的课堂教学视频是主要部分，是组成微课的重要部分，而视频的内容主要包括课堂教学过程中的难点和重点等主要内容，旨在拓展学生的思维，使得学生掌握课堂所学知识的方式变得更容易、更有效。另外，上课前的教学设计和材料课件，课中和课后的测试练习、学生反馈、教师评价等都属于微课的次要部分，这些均是促进微课得到进一步提高的辅助性的教学资源，也是非常重要的组成部分。

只有核心部分和辅助部分按照一定的组织关系，有序、和谐地相互配合，共同构建一个半结构化、主题化的资源单元应用的环境，才能使学生的课程更顺利、更有效地进行。与传统单一的教学资源相比，微课的教学资源种类更是多样，但它们既有区别，又有联系。换言之，微课是以传统教学资源为模板，对其进行一些创新和开发而形成的。

（一）微课的分类

根据教学过程中的主要环节而言，微课可分为：课前的复习、新课的导入、知识的理解、巩固练习、拓展小结。与教育教学相关的其他类型的微课有：说课类、活动类、实践类、班会课类等。此外，根据教学方法来划分，微课还可以分为：探究学习类、合作学习类、讲授类、讨论类、问答类、自主学习类、启发类、演示类、练习类、实验类、表演类等。此外，还需要注意：微课的分类标准不唯一，它可以对应于一种类型的微课，也可以属于两种或两种以上类型的微课的组合。微课的类型不是固定不变的。随着现代教学理论的发展，教师的教学方法将不断创新，微课的类型将在教师的实践中不断完善。

（二）微课的原则

第一，课程开始时，教师应向学生做自我介绍，使他们对教师有一个基本的了解。

第二，切记微课用户是学生，所以在设计和制作时，教师应该考虑怎样的知识和表现方法可以让他们更容易理解。

第三，在课程开始时，教师应向学生明确介绍课程的教学目标和内容，使学生在学习过程中有依据，并根据本节课的教学目标进行学习。

第四，一个微课最好只讲一个相关知识点，所以时间不能太长，要尽量短，以抓住学生注意力的最佳时间，一般要求不超过 10 分钟。

第五，无论讲解怎样内容，即使很简单，也不要轻易跳过教学步骤。如果课程内容比较复杂，在必要时，教师可以向学生提供提示性信息。

第六，为了给学生不同的活动留一个转入的空间和时间，在微课过程中要适当设置暂停，或者对后续活动的提示。

第七，对于一些重要的概念，教师需要让学生有一个正确的、清晰的认识，对于它的基本概念和原理都要清楚；对于一些关键技能，也要清楚地告诉学生哪些时候能用，哪些时候不能用，应该如何用等。

第八，只有教师的讲解，会使师生之间的互动减少，并且传统教学模式的缺点也会继续保留。因此，在微课程上，可以允许学生适当提问，但要对所提问题的重要性作出合理安排。这样可以增强师生之间的互动，提高学生的思维能力。

第九，教师不容易说清楚的部分可以用字幕补充，但是不要长篇大论，增加学生的阅读负担，只需列出相应的关键词即可。

第十，当一个课程结束后，教师要进行适当的总结，要达到能帮助学生梳理知识学习的思路，强调知识重难点的效果。

第十一，留心学习其他领域的设计经验，从中找到可以借鉴的创意，进而找到自己的立足点，进行创新。

第十二，细节对课程的影响很大。教师处理好细节可以使整体工作看起来更加完美；反之，会降低微课程的效率。

此外，教师在教学过程中还要充分注意微课的细节，如鼠标不应在屏幕上晃动；字体和背景的颜色要很好地匹配；录制视频要安静、无噪声，保证学生在更好的环境中学习。

二、微课的特点

第一，主题突出、内容具体。每个课程的微课，研究的主题只有一个，选择的主题要始终围绕着教育教学的具体实践，如突破教学难点、教育教学观点、学习策略、强调重点、教学方法等都可以作为研究的主题，同时也可以选用那些具体的、真实的问题。

第二，基层研究、趣味创作。微课的课程对课程开发人员的要求不高，很多人都可以成为课程开发人员。此外，从课程研究与开发的目的来看，是帮助学生和教师紧密联系教学目标、教学内容和教学手段来完成教学。因此，创作的内容对于教师而言，必须是其熟悉的、有趣的、可解的问题。

第三，资源容量较小。微课视频的容量相对较小，其容量（包含辅助性资源）一般仅有十几兆。因此，微课视频不仅可以支持网络在线播放，还可以下载到手机上随时随地观看。因此，无论是教师在线观摩、评课，还是课后反思、研究都是极其方便的。

第四，教学内容较少。微课教学的主线为片段视频，主要对课堂教学过程中的某一学科知识点进行重点强调，而传统的课堂教学一节课需要完成的内容有很多并且比较复杂，相对而言，微课的内容就比较简单、准确、突出主题的速度快，更与教师的需求相适应。

第五，教学时间较短。微课的教学时间是依据学生的认知特点和规律来制定的。由于学生集中注意力的时间相对较短，微课的视频内容相对精确、简单，有着鲜明的主题。因此，其教学视频时间通常为 5 ~ 8 分钟。与传统教学相比，微课的教学时间确实非常短，因此也可以称为"课例片段""微课例"。

第六，教学方式不"碎片化"。虽然微课的视频时间短，每个课程也就研究一个主题，没有复杂的课程体系、教学目标和教学对象，但是，微课所针对的人群就是教师和学生，这是固定的，而且它传递的知识也是具有系统性和全面性的，因此，它并不是"碎片化"的教学方式。

第七，反馈及时、针对性强。微课的视频剪辑时间短。在短时间内，开展"无学生班"活动。参与者可以及时听到他人对其教学行为的评价，并获得反馈信息。但与正常的信息反馈相比，这种听课、评课更为及时，即根据当前内容及时进行反馈，因为这是课前小组的"预演"，每个学生都可以参加。

第二节　微课的理论依据

坚实的理论基础是设计微课的重要基石。微课设计涉及的理论主要包括建构主义学习理论、微型学习理论、认知负荷理论、情境学习理论和掌握学习理论等。

一、建构主义学习理论

建构主义（Constructivism）又称结构主义，皮亚杰（Piaget）和维果茨基（Vygotsky）是研究建构主义学习的代表人物。皮亚杰认为知识是主体与客体在双向交互作用的过程中构建起来的，认知结构包含同化和顺应两个基本过程，同化是认知结构数量的扩充，而顺应则是认知结构性质的改变。维果茨基提出"文化—历史发展"理论和"最近发展区"理论。他认为，个体的学习是在一定的历史和社会文化背景下进行的，社会在支持和促进个人学习的发展方面可以发挥重要作用。个体的自我发展水平和与他人合作后潜在的发展水平间的差异称为"最近发展区"。

建构主义学习理论认为，教师不仅是知识的传授者，还是组织者、指导者和促进者；学生不再是信息的被动接收者，而是主动的意义建构者。学习不是由教师把知识简单地传递给学生，而是学生在一定情境下，借助相应的学习资料，通过与学习共同体互动、协作与会话，以自己的经验为基础，主动探究，建构对新知的理解。情境、协作、会话和意义建构是建构主义学习环境中的四大要素。

在微课设计中，首先，微课主题要鲜明，重难点要突出；其次，微课内容应当遵循学生的"最近发展区"规律，保证学生能够同化旧知和顺应新知；最后，确保微课内容的完整性和表现形式的多样化，激发学生进行知识的主动建构与积极生成。

二、微型学习理论

微型学习理论（Micro Learning Theory）最早由奥地利的学习专家林德纳（Lindner）提出。他认为微型学习是以手机、平板电脑等微型媒体应用终端为依托，以微型内容为主题来构建学习任务的学习活动。随后，其他学者也对微型学习给出相关定义，虽然说法不一，但共同之处在于时间"短"和内容"小"。

"微课设计中，需将学习内容拆分成为小的学习单元，使学习以小步子进行，这样会符合学习者持久性较差、注意力集中时间较短的认知特点，从而有利于激发学习者的学习潜力，收获更好的学习效果"[1]。

三、认知负荷理论

认知负荷理论（Cognitive Load Theory，CLT）是由澳大利亚认知心理学家斯威勒（Sweller）于 1988 年率先提出的，以资源有限理论和图式理论为基础分析了个体对认知信息加工的

---

① 昂娟.微课设计、制作与应用 [M].合肥：中国科学技术大学出版社，2021：7.

过程。认知负荷理论将人类的认知记忆分为短时记忆和长时记忆，教学信息加工的过程发生在短时记忆中，再进入长时记忆中进行存储。

资源有限理论认为，人类的短时记忆容量是有限的，只能同时存储 7 个左右信息单元或者加工 2 ~ 3 个信息单元。短时记忆对于信息的保存时间也很短，只有 1 ~ 2 分钟。如果同时进入短时记忆中的信息超出认知资源的容量，那么就会产生资源不足的问题，造成认知负荷超载，导致信息无法被加工，从而影响学习效率和质量。

图式理论认为，短时记忆加工后的信息会以图式的形式存储在长时记忆中。个体在学习新知识时，长时记忆中的图式可根据所面临的情景快速选择、加工、整合和归类，不断增加长时记忆中图式的数量。有的图式经过反复实践后达到自动化的程度，从而可以节省认知资源，降低认知负荷。

在微课制作过程中，应尽可能降低学习者的认知负荷。学习材料的组织和呈现方式、学习材料的复杂程度和学习者的先验知识是影响认知负荷的基本因素。因此，在微课的设计中，教学内容的组织要简明、生动，避免给学习者有限的短时记忆空间带来过大压力，并利用引导性材料激活学习者长时记忆中与新学内容相关的信息，便于学习者将新学内容纳入已有图式中，以实现长时记忆的目的。

四、情境学习理论

情境学习理论（Situated Learning Theory）最早出现于 20 世纪，著名教育哲学家杜威（Dewey）提出"做中学"的观点，此观点从实用主义角度出发，认为知识的获得是一个实践的过程。布朗（Brown）等（1989）认为：知识与情境密不可分，情境不是学习与认知的辅助手段，而是学习整体中的一个有机组成部分，学习者在与情境的互动中获得知识，学习过程与认知过程在本质上是情境性的。

微课的情境设计须遵循教学理论和学习理论的指导，以情境为核心，注重情感体验的提升。在内容构建上，须考虑学习者需求；在形式上，需使用丰富的媒体增强画面效果、增强视频感染力；在内容上，需贴近生活情境、传递正确的价值观，层层递进，引发学生思考，提高学生的学习积极性和学习兴趣。

五、掌握学习理论

掌握学习理论（Mastery Learning Theory）是由美国著名的教育心理学家布卢姆（Bloom）提出的。在"所有学生都能学好"的思想指导下，教师为学生提供个性化学习支持，并给予足够的学习时间，使大多数学生达到课程目标规定的知识水平。

教师在设计微课任务时，需以学生在学习过程中易出现的问题为切入点，应用问题引领式和任务导向式的视频案例，帮助学生理解新知重难点，使学生获得有效的学习支持，提高学生的知识掌握程度。另外，微视频可方便学生灵活地安排学习时间和学习进度，可以自设学习步调，选择重复或跳跃式地观看微课，满足学生个性化的学习需求。

第三节 高中化学发展与核心观念

一、高中化学发展

（一）古代化学发展

在 16 世纪以前，化学还不是一门科学。到了 16 世纪，人们开始认识到单质以及单质在热溶剂和试剂的作用下发生的变化应同自然界的其他变化分开来研究，此类变化可被当作专门研究的对象，成为一门新的学科，当然，这并不是说明化学在 16 世纪以前无历史可言。化学的发展可追溯到史前。火是人们最早接触的化学现象。火的发现和利用为进行化学操作打开了方便之门，现在凡是被划为人类遗产的东西，大都与火有关。人们通过考古，推测原始人借助于火学会用铜、青铜或其他易于获得的物质制作武器、工具和器皿。以后虽然有了文字，许多化学物质如金、铅、锡、釉料、染料、玻璃等已被人们所利用，但在当时人们只关心其用途，大多数工匠为了自己和子孙的利益，只靠口授培养后人，极少留下文字记载。尽管史前与古文明时期的化学纯粹是经验的产物，但也说明化学与人类历史一样悠久。

古代化学除实用化学工艺知识外，还有人类对于万物起源的思考。公元前 4 世纪，中国提出阴阳五行学说，认为世间万物皆由金、木、水、火、土组合而成，五行由阴阳两气相互作用而成。古代五行说是早期元素观的萌芽，而阴阳说则是用朴素的矛盾观点说明物质的变化。同时代雅典的哲学家柏拉图和其学生亚里士多德提出构成万物的水、气、土、火四元素说，并且指出每一种物质的特性皆可归结为冷、热、干、湿四种原性，它们两两结合构成上述四种元素。中世纪的炼金术士以此学说为依据，认为改变物质中四种原性的比例，就能使贱金属变成黄金。古代物质观的这些认识是朴素的、直观的、表面的，有的甚至仅是臆测。当时的科学家实际是哲学家，他们崇尚思辨，但不重视科学实验，他们爱好归纳，但无充分的事实依据。

16 世纪欧洲的早期，化学在两个领域里出现的新局面开始了炼金术向化学的过渡。

其中之一是由德国的阿格里科拉为代表的冶金化学方向，其论著《金属学》详尽地叙述了金、银、铜、铁、锡、铅、汞、锑、铋等金属的制备、分类与提纯。

早期化学从实践上完成了炼金术向近代化学的过渡，但是整个化学领域并未完全摆脱炼金术及其思想的束缚，化学局限于冶金与医药等实用目的，而不是以探索物质及其化学变化规律为目标。化学要成为科学，还需要思想理论上的突破。英国化学家、物理学家波义耳（R.Boyle）为实现这种革命性的突破，从而使化学成为一门独立的科学作出了重要的贡献。

（二）近代化学发展

波义耳是化学史上第一个明确地把化学与炼金术或其他实用化学工艺加以区别的化学家。1661 年，波义耳的代表作《怀疑派化学家》出版，该书以辩论式的对话形式，批判和清除亚里士多德哲学与医药化学观念在化学领域的影响，认为元素是那些原始的、简单的或是系统没有混杂的物质，从而第一次提出具有科学性质的元素概念，为构建近代化学理论体系奠定了基础。

18 世纪，欧洲资本主义确立，工业生产有了较大的发展，其中与燃烧有关的冶金、炼焦、玻璃、石灰、陶瓷、肥皂等化学工业有了普遍的发展，燃烧成了化学领域的中心问题，很多化学家关注研究燃烧。1789 年，拉瓦锡的名著《化学纲要》出版，该书系统地论述了推翻燃素说的各种实验依据与以氧为中心的新的燃烧氧化理论，这是化学学科中第一个科学的化学反应理论，拉瓦锡还在书中列出了第一张化学元素表，该表概括了当时所认识的 33 种元素。虽然他把石灰、镁土、盐酸等化合物误认为元素，但是毕竟将波义耳的抽象的元素概念具体化了。

19 世纪末，系统定量方法的广泛运用，一系列关于物质组成及变化的定量规律：质量守恒定律、当量定律和定组成定律的发现，表明物质的质变和物质的组成有着深刻的联系，化学家们迫切地希望了解这些定律的内在依据，开始寻求对于这些定律的科学解释。

英国化学家、物理学家道尔顿 1807 年发表《化学哲学新体系》。道尔顿是将已经总结出来的宏观经验定律与物质由原子构成的微观观念联系起来的第一位科学家。他所建立的科学原子论为当今每个化学教育工作者所熟悉，其意义是"给整个科学造一个中心"，使人们对于物质结构的一个重要层次——原子的认识开始建立在科学的基础之上。道尔顿首次引入原子量概念，第一次为原子微粒提供能用数量表达，能用实验方法检验的特征。他还首创用直观图像符号表示化合物中原子的排列，用以显示化合物的实际结构。总而言之，道尔顿为化学家提供了许多重要的新思想、新概念、新方法，促使 19 世纪化学的长足进步。

到了19世纪下半叶，化学的四大分支，无机化学、分析化学、有机化学与物理化学相继形成。近代化学完成了它的系统化。有机化学家擅长于有机合成和有机分析，凭借这两方面的化学经验，运用不注重定量方法的逻辑推理，取得了对化学事实的直观理解，他们依靠抽提的诸如基团、原子价、同分异构、化学结构等重要概念，运用分子模型方法，最终建立了近代有机分子结构理论。总而言之，近代有机化学有它自己的原理、原则和研究方式，是一门几乎不依靠物理与数学的学科。

（三）现代化学发展

20世纪，化学发生了一系列的革命性变化，如今，借助于物理学的新思想、新概念与新成果，化学家的研究重心转移到分子的层次，化学成为一门分子的科学。

1. 化学的分支学科发展

根据中华人民共和国国务院学位委员会规定，化学科学有七个二级学科，加上化学与生命科学，化学与材料科学形成的两个重要的交叉学科——生命化学和材料化学，化学大体分成以下类别。

（1）环境化学。环境化学是化学与环境科学交叉渗透所形成的一门重要分支学科，环境化学主要是运用化学的理论和方法，鉴定和测量化学污染物在大气圈、水圈、岩石圈和生物圈中的含量，研究它们在环境中的存在形态、迁移、转化和归宿的规律，研究消除化学污染物的化学技术及原理。环境化学的发展对于保护和改善环境，发展可持续的国民经济具有重要的意义。

（2）有机化学。有机化学是研究有机化合物的组成、结构、性质、合成及有关理论的科学。与19世纪的近代有机化学不同，现代有机化学一方面与物理学相联系，利用量子力学与量子统计力学的基本理论，以及光谱、波谱、衍射、质谱等物理实验手段，分析、阐明有机化合物的电子结构、立体结构以及结构与性能的关系，为寻找与合成新的有机化合物提供依据与手段；另一方面又与生物学相联系。生命是蛋白体的表现形式，生命体内的种种代谢活动与遗传机制都与生命体内有机物的化学作用有关：随着生命科学的发展，有机化学将在探索生命奥秘的科学研究中发挥更大的作用。由于有机化学研究范围广泛，医药、农业、染料、化妆品等无不与之有关，又因有机化合物数量巨大，因此有机化学是化学中最大的二级学科。

（3）无机化学。无机化学是一门研究无机物质的组成、结构、性质、变化、制备以及相关理论与应用的科学。在化学形成分支学科之前，化学研究的内容就是无机化学的内容。因此，相对于其他化学分支，无机化学是一个最为古老的化学分支学科。在诺贝尔化学奖设立之前，化学研究的重要进展基本上都属于无机化学领域。在诺贝尔化学奖设立初期虽然也有相当大的获奖比例，但是大多集中在新元素的发现上。在20世纪上半叶正值化学其他分支学科蓬勃发展之际，无机化学发展相当缓慢，它既没有新理论提出，也没有突破性进展。整个无机化学既没有物理化学那样的精确性和逻辑性，也没有有机化学那样的连贯性与系统性。进入20世纪中叶后，由于原子能技术、空间技术的发展，对各种特殊材料的需求，各类粒子加速器的建造，各种光谱和波谱技术的广泛运用，无机化学得到了复兴。随着配位化学的发展，稀有气体化学的兴起，大量新型化合物的合成，无机化学重新成为富有活力、令化学家兴奋的学科。

（4）物理化学。物理化学是研究化学现象与物理现象之间的相互联系，从中找出化学运动普遍规律的一门科学，由化学热力学、化学动力学和结构化学等组成。热力学第一定律研究各种能量的转化和守恒；热力学第二定律研究化学反应的方向和限度，即在指定条件下化学反应是否能自发进行，向哪个方向进行，进行到何种程度，以及外界条件对反应方向和限度的影响；热力学第三定律主要研究低温下物质的运动状态，并为各种物质的热力学函数的计算提供科学的方法，进一步解决化学平衡的计算。化学动力学的首要任务是研究化学反应的速率以及各种因素如浓度、温度、催化剂、介质、光、声等对反应速率的影响，从而选择合适的反应条件，使反应按人们希望的速率进行；第二个任务是研究各种化学反应的机理，揭示化学反应的本质。结构化学是以适子力学原理为基础，研究原子、分子与晶体的微观结构，微观结构与宏观性质及反应性能的关系。

物理化学作为化学科学的理论核心，在20世纪获得迅速的发展。世纪之初只有一本物理化学杂志，如今已有数十种三级甚至属于四级学科的物理化学刊物。在推动现代化学从宏观的唯象认识到微观的理论了解，从定性的描述到定量的阐明，从对物质的静态认识到对反应的动态的实时研究，从平衡态到非平衡态研究，物理化学做出了巨大的贡献。

（5）分析化学。分析化学是研究物质化学组成与化学结构的分析方法及其有关理论的学科。20世纪分析化学经历了三次巨变：第一次是20世纪初物理化学的发展为分析化学方法提供理论基础，使分析化学从手艺上升为科学；第二次是1945年后，物理学与电子学的发展促进了仪器分析的发展；第三次是20世纪70年代末到现在，生命科学和材料科学的发展为分析化学的发展提供需求，计算机技术的发展则为分析化学的发展提供了可能。新方法层出不穷，旧方法不断更新。分析从常量到微量及微粒；从组成到形态与结构；从总体到微区；从整体到表面及逐层；从静态到快速反应跟踪；从破坏样品到无损分析；从离线到在线分析。分析化学不仅提供数据，而且上升到获取更多、更全面、更新、更及时的信息，成为生产与科研中实际问题的解决者，现代分析化学正突破纯化学学科的界限，将化学与相关学科等紧密结合起来，成为一门多学科的综合性科学，分析化学将进入一个新的分析科学的时代。

（6）高分子化学。高分子化学研究高分子化合物的合成、反应机理、反应热力学、反应动力学、高分子化合物改性与高分子材料加工等。20世纪30年代，德国化学家施陶丁格提出大分子学说，在很短时间里，理论转化成合成橡胶、合成纤维和塑料的相继合成及其工业化的成功，标志着以有机化学，物理化学，生物化学和分子物理学为基础的相对独立的分支学科——高分子化学发展起来了。20世纪50年代后，随着石油化工的发展，高分子化工得到飞速发展，德国化学家齐格勒与意大利化学家纳塔发明的齐格勒－纳塔催化剂实现了定向聚合。施陶丁格与齐格勒、纳塔因对高分子科学发展的杰出贡献，分别获得1953年与1963年的诺贝尔化学奖。另外，目前三大合成材料、涂料、胶黏剂等高分子材料种类繁多、性能优异，不仅在日常生活中无所不用，而且也遍及农业与科技领域。合成各种高分子功能材料，如高效高分子分离膜、光导纤维、导电高分子材料与生物高分子材料，探究高分子材料与生态环境的和谐，将把高分子化学研究推向新的阶段。

（7）核化学与放射化学。核化学与放射化学是研究放射性物质和原子核转变规律的科学，它使用化学或化学与物理相结合的方法，研究放射性物质的制备、分离、纯化和鉴定；研究核素和原子核转变产物的行为和化学性质；研究放射性示踪原子在化学中的应用；研究将化学技术用于核科学的途径；研究放射性物质在科学技术和社会生产各个领域中的应用等。对于人类探索原子世界的奥秘，掌握与运用原子能技术有着重要的作用。

（8）生命化学。生命化学是生命科学与化学相互交叉渗透的产物，是以化学的理论和方法研究生命体的化学组成和生命过程的化学变化规律的科学。生命的本质是生命科学研究的核心，而生命过程本身就是无数化学变化的综合表现。从分子水平的角度出发，生命体内储存和传递生命信息、繁衍后代、对内调节和对外适应、合理有效地利用环境资源与能量的功能，是许多具有生物活性的分子之间的有秩序、有组织的化学反应体现。在研究生命体的物质基础和生命活动基本规律的领域里，化学不仅提供方法和原料，而且提供理论、观点与技术。

（9）材料化学。材料是科学技术和社会进步的先导与物质基础。新材料科学技术是八大高新技术之一。化学与材料科学的交叉学科——材料化学，研究在高温、高压、低温、高真空、失重及其他极端条件下，合成具有耐高温、耐超高压、超高强度、高速信息传输和在常温下表现超导等特殊性能的新材料；用电子显微镜、电子探针、光电子能谱、X射线结构分析、热分析等手段，研究材料的组成、结构与性质、性能的关系。

2. 现代化学发展的前沿

（1）元素起源、演化与宇宙化学。元素是万物之本，也历来是化学研究的主要对象。如今人们对于元素及其化合物的知识已经日趋系统化与理论化，但是元素自身的起源与演化仍是一个值得探索的课题，这不仅对化学而且对哲学都是十分重要的。宇宙化学是研究地球以外星球的化学。由于宇宙飞行技术的发展，人们已对月球、火星等外星物质进行了分析和研究，这不仅有助于元素起源与宇宙起源的研究，也将对开拓地球以外的星球做出贡献。

（2）量子化学。量子化学由基础理论、计算方法和应用三部分组成。从 1927 年到 20 世纪 50 年代末，量子化学的主要成就是三大化学键理论——价键理论、分子轨道理论与配位场理论的建立与发展以及分子间相互作用的研究，鲍林和莫立肯为发展化学键理论做出了杰出的贡献，分别获得 1954 年和 1966 年的诺贝尔化学奖。20 世纪 70 年代以后，量子化学的发展出现了一个很有希望的趋势，那就是量子化学理论计算与化学经验相结合，分子轨道对称守恒原理与前线轨道理论就是这种结合的成果，它也标志了量子化学从静态研究推向动态研究。为此，霍夫曼与福井谦一获得了 1981 年诺贝尔化学奖。

（3）分子设计与分子工程。过去，合成化学虽然创造了几百万种新的化合物，多年来化学家们也逐渐满足了高新技术的发展对于新材料的要求，但是总体而言，这种研究仍然处于自发的、分散的、个别的经验状态。科学技术的发展要求从分子设计、合成、结构性能研究直至应用，找出一套科学的办法。随着化学对于分子与分子聚集体的掌握日益得心应手，分子设计与分子工程应运而生。分子工程泛指根据某种特定的功能，在分子水平上实现结构的设计和施工。

传统的化学着眼于整理天然产物和耕耘周期系来发现和合成化合物。分子工程则逆向而行，以功能为导向，进行结构设计和研制。它的研究对象不再限于单个化合物，而是把重点放在功能体系上，重视功能、结构和制备三者之间的关系的原理。

总而言之，将结构基元与体系的研究结合起来。在微观和宏观两个尺度上同时把握整体的动态过程，才能有所发现。目前，分子工程正处于孕育阶段，它必将在化学与材料科学、生命科学与非平衡态、非线性科学的融合中诞生。

二、高中化学核心观念

高中化学核心观念是指学生通过化学学习，在深入理解化学学科特征的基础上所获得的对化学的总体性的认识，具体到高中化学教学中，化学核心观念是学生在化学学习中建构的，具体表现为个体主动运用化学思维和方法分析事物和解决问题。化学核心观念在高中教学中尤为重要，简单的记忆远远不够，化学核心观念需要应用到实际教学中，让学生能够真正意识到化学的重要性和实用性，在日常生活的应用中，更好地领略化学的奥秘，这样才能够将化学知识转变成为一种观念，以下就化学核心观念的主要价值展开论述。

第一，转变学生的学习方式。通常而言，学生更倾向于被动地接受，往往忽略了化学知识中所蕴藏的原理、思想，缺乏对知识的探索精神，只不过是机械式的记忆，这并不有助于提升学生学习能力。而化学核心观念能够转变学生的学习方式，从根本上改变学生对于化学知识的理解，让自主学习在学习中占主导地位。

第二，让学习变得更有意义。化学核心观念的价值主要体现在学生的学习效果上，化学观念能够促进学生的学习并能够保证学习的高效性。学生的认知程度会直接对学习效果产生影响，只有当学生真正理解化学反应的原理并深入了解元素守恒、质量守恒等众多重要概念时，学生的水平才会有所提升。

第三，精简教学内容。随着社会的不断发展，要求学生掌握的基础知识和基本技能越来越多，普通中学教育并不能将所有化学知识传授给学生，只能给学生讲解化学的核心概念和基本原理，化学核心观念无疑能够简化教学内容，提高教学效率。

第四，教学逐步趋于专业化。随着教育教学的不断深化改革，化学教师不仅需要具备完善的化学知识体系，还应当建立高层次、高水平的化学核心观念，这些观念能够提升教师的教学水平及专业化程度。

第四节 高中化学的教学理论及课程分析

一、高中化学的教学理论

教学理论是依据教育学和心理学等原理探索教学现象较深层次的普遍规律，并为解决具体教学问题提供指导的理论。"化学教学理论是建立在一般教学理论之上的。"[1] 历史上，特别是近现代形成了较多的教学理论，它们对化学教学理论有深刻的影响，也是指导化学教学的基本理论，具体从以下几个方面探讨。

（一）三重表征理论

"宏观—微观—符号"化学三重表征已经逐渐成为最有影响力、最具创造性的思想之一。化学三重表征包括三重外部表征和三重内部表征，其是指宏观知识、微观知识及符号

---

① 郑光黔. 高中化学教学方法与实践 [M]. 长春：吉林人民出版社，2020：34.

知识外在的呈现形式和在头脑中的加工与呈现形式。有实证研究发现，学生对一些化学核心观念的理解存在相异构想的原因是缺乏对三重表征的理解，这就意味着在高中化学教学中要促进学生对三重表征的理解。

从微观结构解释宏观现象是化学学科独有的思维方式，化学学科的特点决定了在化学学习中，学习者要从宏观、微观和符号水平对物质及其变化进行认知。加强"宏观—微观—符号"教学，使学生学会从微观水平分析宏观现象，依据宏观现象揭示微观本质，并用符号语言进行表征，实现在"宏观—微观—符号"方面认知水平的自由转换，化学三重表征教学能促进学生化学核心观念的建构，是观念建构教学必不可少的指导理论。

（二）辩证唯物主义理论

辩证唯物主义由辩证唯物论、唯物辩证法及辩证唯物主义认识论三部分组成，是把唯物主义和辩证法有机地统一起来的科学世界观。辩证唯物论是关于世界物质性的学说；唯物辩证法是一种以矛盾（对立统一）的观点为核心的方法论；辩证唯物主义认识论是关于人类的认识来源、认识能力、认识形式、认识过程和认识真理性问题的科学认识理论。

高中化学辩证唯物主义思想教育的主要内容包括三个方面：首先，辩证唯物主义物质观的教育，包括世界的物质性、物质形态的多样性和统一性、物质结构的层次性以及物质的普遍联系性等；其次，辩证唯物主义运动观的教育包括物质运动的永恒性、物质运动的内因和外因、物质运动的宏观表征和微观本质的联系以及物质运动与能量转化等；最后，唯物辩证法基本规律和范畴的教育，包括对立统一、质量互变、否定之否定等基本规律和内因与外因、现象与本质等基本范畴。因此，辩证唯物主义思想指的是辩证唯物主义物质观、运动观和由三大基本规律与若干基本范畴构成的唯物辩证法。

辩证唯物主义思想教育能为学生提供认识客观世界的最基础的立场、观点和方法，有利于科学世界观的形成。辩证唯物主义思想教育的重要意义还在于它能给学生提供一种科学信念，即客观世界是可以被认识的，人们有能力把握自然界的规律，这种信念对学生起到鼓舞和激励的作用，使他们能够解放思想，在未来探索自然界奥秘的道路上勇敢前进。

教师要努力学习辩证唯物主义知识，自觉地运用辩证唯物主义的思想分析教材，研究教法。教师应通过教学使学生从化学学科这个层面相信世界是物质的、物质处于不断的运动之中、物质是可以被认识的（包括宏观物质和微观粒子）；认识物质的组成、结构、性质以及物质发生变化时无不充分体现对立统一、质量互变和否定之否定的普遍规律；树立内因和外因、现象与本质、原因与结果、必然与偶然等辩证唯物观。在教学中，教师要以具体知识为载体，引导学生通过高水平的思维活动，将上述辩证唯物主义思想具体化为化学学科基本观念，即从"知识为本"转向"观念建构"。

化学学科基本观念是指学生通过化学学习，在深入理解化学学科特征的基础上所获得的对化学的总体性认识。高中化学学科基本观念可以划分为三大类，分别是由微粒观、元素观、变化观组成的知识类基本观念，由实证观、分类观组成的方法类基本观念及由化学价值观组成的情意类基本观念。在化学教学中实施"观念建构"的教学，有利于转变学生的学习方式，促进学生对知识的深刻理解和灵活应用，全面提高学生的科学素养。

1. 微粒观

微粒观①在化学基本观念中属于知识类基本观念，对化学学习具有重要作用。

微粒观反映了人们对宏观物质的微观结构的想象，这种想象不是凭空臆测的，而是根据已有的科学理论、实验事实以及观察到的现象作出的合理推论。建立宏观世界与微观结构之间的联系是化学学科特有的思维方式。高中化学教学的重要任务是使学生建立对宏观物质的微粒性认识，使学生能从微观的角度认识自然界的物质组成、性质、结构、变化，形成对物质性质及其变化的本质认识。

化学教科书中有关微粒观的内容，从分子和原子的内容开始，初步建构微粒观，通过后面的内容进一步完善、巩固、加深，形成用微观的视角看待宏观世界的方法，最后能对物质及其变化进行"宏观—微观—符号"的三维表征，能对化学反应实质进行比较深入的分析，初步形成较为系统的微粒观。

2. 元素观

化学是在分子、原子层次上研究物质组成、结构、性质、变化及其应用的科学，而物质是由元素组成的，确立元素观②不仅有利于人们认识物质形成的本质，而且人们可以按照元素组成对物质进行分类研究，有利于人们对物质世界形成有序的认识。元素观是化学的核心观念之一，通过化学的学习，学生应当建立元素观。在相关知识的教学中发展学生对元素观的认识，需要站在学科的高度，以元素观为统领组织化学教学。元素观在化学学科基本观念中属于知识类基本观念，是方法类基本观念——分类观的基础，是化学学科的逻辑起点。

元素观的基本内容包括：元素是具有相同核电荷数的同一类原子的总称；自然界的物质都是由最基本的单元——化学元素组成的，有限的元素之间的相互组合构成了纷繁复杂的物质世界，物质是多样的，元素组成又是统一的；物质可以按元素组成分为单质和化合物，化合物可以分为有机物和无机物等；物质在发生化学变化时，元素的种类不发生改变，

---

① 微粒观是人们对物质微粒性的基本看法，表现为自觉地在原子、分子、离子的水平上认识常见物质的组成、结构、性质、用途和变化现象的思维倾向。

② 元素观不是某一个具体的知识点，而是一种以具体知识为载体、隐藏在教材体系中、具有丰富内涵的化学观念。

在核反应中元素种类则发生改变；将元素按照原子的质子数（核电荷数）大小排列，元素的性质发生周期性变化（即表现出元素周期律），元素周期表是元素周期律的外在表现形式；从组成成分的角度来看，物质的性质（主要是化学性质）取决于其元素组成，与该元素原子最外层电子数以及该元素在物质中所处的价态密切相关；人体中化学元素的含量直接影响着人体的健康，有益元素含量太低或太高都不利于人体健康。

3. 变化观

变化观[①]是辩证唯物主义运动观的具体化，反映了物质运动的永恒性、物质运动的内因和外因、物质运动的宏观表征和微观本质的联系以及物质运动与能量转化等。变化观是化学基本观念中的知识类基本观念之一。

世界是物质的，物质是不断变化的。物质的变化是化学研究的重要内容之一。人类通过化学研究可以更好地认识自然界中的物质性质及其变化规律，揭示生活和生产中一些化学现象的本质。人类通过控制物质变化，合成各种新材料，开发新能源，合理利用资源，防止污染和保护环境，促进农业增产，促进人体健康，使物质变化朝着对人类有利的方向发展，有效控制对人类不利的化学反应的发生，让世界变得更加绚丽多彩，这正是化学的意义所在。

高中生应该建立的变化观主要包括：化学反应无处不在，时时都在发生；化学反应是有条件的，条件不同时发生的变化也不相同；化学反应的主要特征是新物质的生成，分子参与的化学反应的实质是分子分裂成原子，原子重新组合构成新物质分子的过程；化学反应前后分子种类发生改变，而原子的种类、数目都没有发生改变，元素的种类也不会发生改变，反应物与生成物的质量总和不变，遵循质量守恒定律；化学反应不仅遵循质量守恒定律，而且遵循能量守恒定律，化学反应在生成新物质的同时，还伴随着能量的变化，而能量的变化通常表现为热量的变化，有的化学反应要放出热量，即放热反应，有的化学反应要吸收热量，即吸热反应，当今社会人类需要的大部分能量是由化学反应产生的；物质变化是有规律可循的。

各种各样的化学反应是化学研究的核心内容，贯穿化学学习的全过程。通过研究化学效应可以更好地认识物质变化规律，从而更加充分地利用化学反应创造人类社会发展所需要的各种有用物质；通过控制反应条件，使物质变化朝着对人类更有利的方向发展，更好地造福人类，这正是化学研究的终极目标。因此，变化观的建立对学生的化学学习及今后发展都将产生重要的影响。高中化学变化观的教学建议包括以下几个方面（见表1-1）。

---

① 变化观是人们从动态的角度对物质变化本质的总的看法，即物质是否会变化、物质会怎样变化、物质为何会变化的基本看法。

表 1-1　高中化学变化观的教学建议

类别	内容
注重实验教学，感受物质变化	充满各种神奇现象的化学实验不仅是激发学生化学学习兴趣的源泉，而且是学生感受和认识物质变化的最有效途径。通过实验操作对实验现象的观察和分析，学生可以对所发生的物质变化获得最直观的认识。例如：稀盐酸与氢氧化钠溶液反应的实验，通过向溶液中滴加酚酞试液，溶液变色，学生可以感受到化学反应中新物质的生成；通过添加的酸或碱的量的差异而使溶液显色不同，学生可以感受到化学反应中的反应物之间是按照一定比例进反应的；在反应前后触摸仪器外壁，学生可以体验到化学变化过程伴随着能量变化
挖掘化学方程式中"隐藏"着的变化观	化学方程式是一种高度凝练的符号化语言，它蕴含着丰富的信息，是学生学习化学的重要工具。从宏观的角度看，化学方程式反映了一个化学反应事实，它清楚地表达了反应物、生成物和反应条件。通过分析反应条件，一方面能认识到化学变化的发生是有条件的，另一方面也能认识到反应条件可以影响化学反应的方向及反应进行的程度，所以通过控制反应条件可以促进或抑制化学反应的发生，使化学反应为我所用。从微观的角度看，化学方程反映了反应物、生成物之间微粒个数关系，它能帮助我们更好地认识化学反应的本质。从质量的角度看，化学方程式能反映出反应物、生成物之间的质量关系，体现了质量守恒定律，根据反应物、生成物之间质量关系，可进行有关化学方程式的计算，通过控制物质的质量关系来达到控制反应进行程度甚至反应进行方向的目的
善于从物质结构角度去揭示化学变化实质	物质的组成、结构决定物质的性质。分子—原子理论的建立为人们在分子、原子水平上研究物质内部结构，揭示物质内部结构与物质性质之间的关系奠定了坚实的基础。例如，通过分析原子核外电子的排布情况，可以推断物质发生化学反应的难易程度及反应进行的方向，也能更好地理解原子按一定的数量关系结合成为种类繁多的分子的原因，从而对离子化合物和共价化合物的形成过程有了更深的认识。例如，从离子角度分析酸与碱的反应，能更好地认识中和反应的本质，更深刻地认识酸与碱之间的反应规律。对于学生而言，从微观角度理解宏观现象是有很大难度的，为了使学生能够较好地建立起宏观现象与微观本质之间的联系，教师在教学中可以利用多媒体技术再现物质变化的微观过程。例如，利用动画模拟在电解过程中的水分子分解过程，和学生们一起从微观角度分析该反应的实质——在电解水的反应中，水分子分解成氢原子和氧原子，每两个氢原子结合成一个氢分子，每两个氧原子结合成一个氧分子

续表

类别	内容
充分利用贴近生活和社会实际的素材，展示化学变化的应用价值	从生活走进化学，再从化学走向社会。采用化学实验、图片和影像资料等手段向学生展示与生产生活紧密相关的各种变化，引导学生分析变化的种类和实质，使学生在分辨化学变化的同时感受到化学变化的意义和价值

4. 辩证观

化学教学的辩证观[①] 在这里是指运用对立统一、质量互变和否定之否定等唯物辩证法的基本规律研究和认识物质和化学反应的方法，是对物质和化学反应的现象和本质、原因和结果、可能性和现实性、偶然性和必然性、相对性和绝对性、普遍性与特殊性等唯物辩证法基本范畴的认识。

自然科学是唯物辩证法和辩证唯物主义认识论等思想形成的重要来源之一，这些思想又反过来对自然科学的发展发挥着重要的指导作用。化学作为一门自然科学，其与唯物辩证法和辩证唯物主义认识论的基本观点和规律有着必然联系。在化学教学中充分挖掘化学领域中蕴含的唯物辩证法和辩证唯物主义认识论，寻找最佳教育时机，进行唯物辩证法和辩证唯物主义认识论教育，对化学教学效果的提升有着极其重要的作用，不仅有利于学生掌握化学学科中难以理解的知识内容，而且有利于启发学生自觉运用唯物辩证法和辩证唯物主义认识论的观点和方法解决实际生活中的化学问题，有效提高学生认识问题和解决问题的能力，树立正确的世界观，初步奠定认识世界和改造世界的方法论和认识论基础。

（1）对立统一唯物辩证法。唯物辩证法既是世界观，又是方法论，其核心是矛盾（对立统一）的观点，它从总体上揭示物质世界普遍联系和永恒发展的基本规律和范畴。辩证唯物主义认识论则把辩证法应用于认识论，指出社会实践在认识中的地位和作用，揭示了人类认识的辩证发展规律。辩证唯物主义认为，任何事物的内部各部分之间和各事物之间都是相互联系的。在化学中，物质的组成结构、性质、变化规律、用途、制法、存在方式等方面都存在必然联系，元素及化合物之间的相互转化也存在必然联系。

高中化学教学中要善于引导学生关注和发现事物间的联系，寻找内在的联系规律，学会用事物普遍联系的观点去掌握纷繁复杂的化学知识，根据化学知识内在的逻辑结构形成良好的知识网络体系，为知识的灵活运用和学生的发展奠定基础。唯物辩证法强调矛盾的普遍性和特殊性。矛盾是普遍存在的，同时各种矛盾各不相同，都有其特殊性。

另外，辩证唯物主义认为客观事物之间或事物内部存在对立和统一两个方面的关系，

---

① 化学教学辩证观是化学方法类基本观念，对辩证观的教育涉及对唯物辩证法基本规律和范畴的教育。

对立和统一是矛盾双方所固有的两种属性，它们既相互依存、相互渗透，又相互排斥，从而推动事物发展。对立统一规律普遍存在于一切物质、现象和过程之中。具体到化学学科中，如化学物质及化学发展的两面性、物质活泼性与稳定性等，这些内容都生动地体现了自然界中的对立统一，运用对立统一规律可以更好地理解化学中这些矛盾共同体的存在及相互斗争和相互转化关系。

（2）质量互变唯物辩证法。质量互变规律揭示了事物发展形式上具有的特点。世界上任何事物都处于变化发展之中，事物的发展从量变开始，量变是质变的前提，量变引起质变，质变又引起新的量变，循环往复以至无穷，构成了事物无限发展的过程。化学是研究物体由于量的构成的变化而发生的质变的科学。在化学中，质量互变规律以各种不同的具体形式表现出来。所有化学反应的发生都是量变引起质变的结果，元素周期表中原子核电荷数的变化引起元素化学性质的改变，温度、压强等因素的改变导致物质的三态变化，这些都是质量互变规律的体现，这一规律还体现在相同的反应物由于反应物质量关系不同、反应条件改变产物也随之改变，如碳与氧气的反应、二氧化碳与石灰水的反应、铁与氧气的反应、不同浓度的硫酸、硝酸与金属的反应等。

（3）否定之否定唯物辩证法。否定之否定规律揭示了事物发展的方向和道路。化学学科的发展正是否定之否定规律作用的结果，即新的理论否定旧的理论，推动该学科的理论与技术向更高级阶段发展，如此重复，推动化学学科的不断发展。元素周期律的发现及元素周期表的演变过程，氧化还原理论、酸碱理论、燃烧理论等诸多化学理论的建立，原子结构认识所经历的各个历史过程等，这些无不是否定之否定规律的生动体现。

否定之否定规律对学生的化学学习有重要的指导作用。它能让学生充分认识到学会思考，学会质疑，勇于质疑传统权威，坚持真理的重要性，不能盲目学习、盲从书本知识。否定之否定规律有利于帮助学生树立学习知识的信心，激励学生勇于面对学习与生活中的各种困难和挫折。高中化学教学的辩证观教学，可以做到以下方面。

第一，充分挖掘教科书中蕴含的唯物辩证法思想，适时适度地对学生进行渗透和教育。化学教科书中蕴含着丰富的辩证观素材，教师要认真研究教科书，探寻学科知识与哲学思想的最佳结合点，将哲学思想寓于化学教学之中，教师的引导既要使教学有效进行，又要使学生受到哲学思想的影响，提高科学素养。例如：在"二氧化碳和一氧化碳"的教学中，通过二氧化碳和一氧化碳在组成结构、性质方面的比较，让学生体会从量变到质变的道理，体会普遍性与特殊性的关系；通过比较二氧化碳的用途与危害和一氧化碳的用途与危害，让学生明白无论是化学创造的新物质还是自然界原有的物质，对于人类而言都有两面性，因此要合理使用物质。通过二氧化碳与一氧化碳、碳单质及其他含碳化合物之间转化关系的总结，渗透"物质是普遍联系的""物质是变化的"等哲学思想。

第二，善于从生产、生活中对化学的实际应用入手，将辩证唯物主义教育与化学教学有机地结合起来。化学源于生产和生活，又服务于生产和生活。教学中要善于挖掘生产生活中对化学的实际应用，这种做法不仅可避免说教教育，还能达到让学生终生难忘的教育效果。例如，"质量守恒定律"教学中，对社会上盛传的"水变油""点石成金"等事件进行科学分析，使学生初步建立科学的物质观和变化观，增进对辩证唯物主义观点的认识。

第三，重视实验教学，在实验中渗透辩证唯物主义教育。实验不仅是认识世界的一个重要途径，而且是向学生进行辩证唯物主义教育的大好时机。例如，在讲"质量守恒定律"的内容时，教师可以与学生共同探究磷在密闭容器中燃烧、镁在空气中燃烧、铁与硫酸铜反应、碳酸钠与盐酸反应等实验，对实验结果进行分析归纳，产生化学反应前后质量守恒与不守恒的思维碰撞，再经历重新设计实验，进行论证的过程，初步形成"实践是检验真理的唯一标准"的观念。

二、高中化学的课程分析

（一）高中化学课程的内容

1. 课程内容的生成

（1）课程内容生成环境。教学课程的内容以文本内容为基础，在使用过程中，既可以使用文本的材料和思想，又必须根据文本课程的内容进行教学课程内容的表现和创新。在创新形成过程中，课程内容通过何种方式得到合理和完整的表达受到课程内容生成环境的影响。

第一，准备条件。课堂开始于上课铃声的响起学生坐到固定座位，高中教师走上讲台，这一切是在为课堂开始做准备，课堂开始并不是课程内容的开始，课程内容受到多个要素的影响，是一个整体、有具体意义的系统。"课程内容作为整体，需要有开始理由和始发环境，通过开始理由和始发环境进行其他内容的延伸和拓展最终实现课程要素的教学，达到课程内容全部发展的目的。"[①]

一是学生对课堂做的积极准备。课堂铃声帮助学生在心理上做好了课堂开始的准备，但是这种准备更倾向于纪律上的和心理上的准备。学生并没有开始对课堂内容进行思考，所以这种准备不是真正的课程准备。教学过程的展开需要教师和学生共同参与，教师主要

---

① 魏兵，郭玉玮，于俊美. 化学教学策略与案例分析 [M]. 青岛：中国海洋大学出版社，2018：11.

负责课堂的引导，学生负责积极参与到课堂的活动中去。在一个课程开始之前，教师需要让学生完成从放松状态向学习状态的转变，学生需要一个载体，通过载体产生对课程内容的过渡和联想。与此同时，教师还可以通过其他方式加速这种上课状态的转变，引导学生快速集中注意力。

二是对高中课程内容的发生做好环境准备。学习需要一定的动力，在动力的驱使下，学生可以快速进入学习状态，动力可以是目前还没解决的疑惑，也可以是学生在实际生活中遇到的困难和麻烦，还可以是社会发展中所需要解决的重点问题和难题。疑惑、困难、麻烦、难题都可以吸引学生的兴趣，为学习提供动力，通过良好的环境准备带动学生进入课堂的学习状态。

第二，可持续发展。教学是一个可持续的过程，是在不断发展、不断创新的。教学是持续的过程是因为教学内容是根据教学进度而不断变化的，课程内容不是固定于某个阶段、某个节点的固定知识。课程内容受到教学时机的影响，随着教学课程的深入，内容也在不断地持续发展变化。高中教学是通过环境塑造维持内容发展的教学活动，教学活动总体上是点、线、面之间的变化过程。变化既可以是从点到线到面的扩展，也可以是从面到点的回归。

第三，交互性活动。任何教育事实要在教学实践中展现出来并达到一定的教育作用，除了其自身蕴含一定的教育价值之外，关键就是看它（们）是如何被带入或引进教育场景之中的。化学课程内容也不例外，其产生、发展所借助的教育方法和手段成为化学教学过程中必须予以充分考虑的问题。

（2）课程内容生成方式。

第一，问题引领。通过提出问题引领课程教学内容的生成。一般情况下问题的生成会经历提出问题、假设问题、解决问题、对问题进行总结归纳的步骤。在解决问题的过程中，存在一个问题有多种解决办法的情况，也存在解决问题过程中产生新的问题需要解决的情况。

第二，聚焦知识。每一个化学知识的形成和发展都经历了漫长的研究和不懈的追求与探索，但是一旦形成的知识体现在化学学科体系中，尤其是该化学知识成为化学学科结构的组成部分时，该知识的研究历史和探索过程往往被淡忘了。化学学科教育和化学的科学发展不同，学科教育更加强调学科的发展过程。也即学科教育会对知识的历史进行讲解，会讲述知识的生产过程，帮助学生更好地理解和体验知识，这些操作都以知识为中心，所以化学的教学课程的完成是以知识为中心的，整体内容的形成也是在对知识点的不断精细化过程中实现的。

第三，现象透视。化学学科研究的是自然界的现象、微观物质世界及宏观物质世界，也就是化学的研究是以物质为基础的。化学研究不能脱离物质，所以化学教师需要引导学生注重观察、研究物质。物质是化学学习的基础，在化学文本课程中受到文本的限制，经常采用语言描述物质本身、物质的性质、物质的特点以及物质具备的变化规律等。但是语言再丰富、再华丽也没有物质本身真实和形象，虽然教师在讲述化学物质时，如果使用丰富的语言，可以带动整个课堂的氛围，提升学生的学习兴趣，但是语言并没有物质本身真实。在学习化学的过程中需要对物质进行细致的观察，化学学科的学习观察有一定的顺序，可能是先提出假设后进行观察，也可能是先进行观察后提出假设，还有可能是在假设的指导下进行观察，但是无论哪种情况，观察都是化学学习的基础。观察的意义是对化学现象的具体观察和具体分析，并且在分析的基础上应用所学的化学方法和思维做出适当的推理。观察包含了学习方法的掌握，也包含了学习内容的掌握，观察透视现象是化学教学中一种重要的方式。

2．课程内容的选择

（1）课程内容选择的影响因素。

第一，历史因素：化学课程历史传统与化学课程内容选择。课程是一种历史文化积淀，其发展必然基于一定的历史传统与教育习惯。一定时期的化学课程是在以前化学课程基础上的发展与超越，我国化学课程经过长期的积累也形成了自己的传统与风格。

第二，价值因素：化学价值因素指的是化学课程的价值取向和化学课程的内容选择。其中高中化学课程的价值取向指的是化学课程是为化学主体（学生）、社会以及精神服务的客体。化学教育可以为学生以及社会创造巨大的价值，化学课程教育的内容选择也会受到社会发展、社会价值的影响。以往不同时代的化学教育课程内容的选择就受到了时代的影响，选择了不同的化学课程内容。

当代化学价值的取向和课程的内容选择会对未来化学发展产生一定的影响。在化学的发展中，我们应该明确学生是学习的主体，化学课程的价值取向必须围绕学生开展，对高中学生进行化学课程的教育不是为了将学生培养成世界知名的化学专家，而是为了帮助学生形成化学思维，应用化学知识和化学思维解决实际生活中的问题。通过化学教育促进学生的理智发展，为学生的生活带来更多影响。因此，化学教育的价值是既要帮助学生掌握一定化学知识，也要帮助学生形成和建立理智的思维方式，通过知识与理智的结合，促进学生更好发展。这一教学目标也证实了化学学科所具备的不只有理性层面的知识，还有情感方面、意义方面以及价值方面的感性知识。

无论教育是否属于社会的生产模式，教育的时代性都是通过教学内容的重新选择实现的，只有对内容进行重新筛选，才能通过内容体现当前时代的社会政治和社会经济等状况。高中化学课程的内容选择既要满足学生的发展需求，也需要结合社会、经济、文化的发展状况。那么选择教育内容时将会面临这些问题：到底是学生的需求重要还是社会的发展需求重要；是注重培养学生的知识水平和能力还是注重培养学生的学科素养；在社会需要中，是注重社会经济的需求还是注重社会文化的需求，这些内容的决定权都取决于当前时代的教育目标。如果时代的教育需求和教育目标发生了变化，那么课程内容的选择必然要随之变化。

综上所述，高中化学课程内容的选择不能局限于化学知识的选择，还应该选择可以提升学生思维能力的课程内容，帮助学生从化学知识中汲取真理和精神价值，实现学生的全面发展，也即应该改变化学课程内容的选择模式，从以往的单一模式向多元化的教学模式发展。

第三，文化因素：文化因素指的是化学课程内容选择与文化发展之间的关系。科学成为独立的文化存在后，与人类文化之间一直存在争议，但科学文化的重要性是不言而喻的，而且随着社会的发展，其重要性日益增加。

随着科学文化的多元发展，教育越来越难以囊括科学文化，所以出现了课程的选择，课程的选择范围依旧是在科学文化的范围之内，并且因受到科学文化的影响而不断变化。

（2）课程内容选择的具体要求。

第一，高中化学课程内容选择的重心变更。

一是从高中化学课程内容概念内涵看：从单一要素向多个要素过渡。课程选择是一个复杂的问题，具体该选哪些内容、其关系如何等问题一直围绕着众多研究者。基础性、时代性、选择性成为当今课程选择应该遵循的最主要的三大原则。在这些原则指导下应该选择怎样的课程是一个更加具体而实在的问题。

所以高中化学内容的选择需要从单一向多元转化，如在高中化学课堂中主动地添加化学科学的教学、培养学生的科学发展观念、培养解决问题的实际能力。除此之外，也应该普及化学历史、化学本质相关内容。化学课在增加内容的同时，也增加了教学的难度，教学难度的增加可能会引发教学问题，如教学要素的添加、添加的要素之间应该保持怎样的比例、要素之间的相互作用会产生怎样的结果。

二是在高中课堂中添加要素，如果采取定量的方式，那就需要考虑如何计算各个要素的量值，而且一个要素不仅有要素本身，要素还包含了很多其他的组成部分，组成部分之间又该如何量值是定量化方式难以解决的问题，所以不能采用定量化的方式选择要素。那么各个要素的选择应该采用何种方式、何种程序、何种操作，是化学课堂多元化发展过程中要考虑的问题。

高中化学教学应解决的并不是要素的定量配比问题，也不是单纯地讨论哪个要素重要以及要素顺序的问题，化学教学需要考虑的是如何在各要素之间寻找平衡和稳定，这里的平衡和稳定指的是相对平衡和相对稳定，根据要素对学生产生的作用，合理选择化学教学中的要素。如果化学课堂的主要目标是培养学生应用化学和解决实际问题的能力，那么化学课堂在选择要素时，就应该围绕化学能力的培养，科学地进行选择，由此可知课程要素的选择依赖于课程的主要教学目标，不同的教学目标会产生不一样的教学选择，换言之，化学课程的选择需要明确教学目标，并围绕这些目标选择与之相适应的要素，同时保持各要素之间的平衡。

三是我国化学的课程教学从传统的重视知识数量转化为现在的重视知识价值。每一个独立的学科都有它独特的价值，也是这个学科可以在众多科学中占有一席之地的原因。每一个学科的自身价值都体现在其知识含量、学科思想以及知识方法之中，尤其是如果一个学科具有庞大的知识储量，学科的这种价值作用更为明显。如果想将一门学科以课程的方式传授，那么最基础的就是选择学科知识和学科内容，教育的核心是如何选择化学知识，如何布局。解决了以上问题，化学课就会顺利进行。化学课堂需要选择知识，体现出化学已经具备了大量的知识储备，并且随着时间的推移，化学知识量还在持续增加。

化学知识的意义受到化学情境和化学主体的影响。化学教育如果想持续发展就必须进行化学知识的选择，知识的确立对个体素养的培养是有益的。应该尽最大可能选择和化学要素有关联的教学内容。课程知识选择和要素会影响化学学科的教学效果。

高中化学课程的开发和实践受到外界环境的影响，如学生的接受能力、化学课程的基础性、继承性以及学习条件等。尽管化学在整体上发展较快，但是对于化学课程，知识的变革速度落后于学科的整体发展速度。

综上所述，化学知识的数量变化形式并不是单一的，它存在一个增加、减少和适量变化的过程。数量的变化也反映出化学的课程内容选择并不只关注知识的数量或者课程的难易程度，而是考虑到我国教育的实际需要。我国化学教育的实际需要除了资源的需要，还存在化学知识价值教学的需要。化学知识数量的变化并不是课程内容选择变化的主要原因，化学内容的变化更加多元。

第二，高中课程内容选择过程中应注意的平衡关系。

一是注意学生当下的学习和未来的发展之间的平衡。教育应该是以学生为主体，学生是教育的根本，是教育价值的最终体现。教育的主体是学生，教育的起点也是学生，学生是教育的最终目的，教育是为了实现学生能力的提升，所以教育的起点应该是学生的现在，重点应该是学生的未来。

化学课程的设计和时间都应该以学生为基础。学生一直是教育存在的目的，为了促进学生更好地发展，应该选择一些具体的内容开展教学，选择哪些方面是需要着重思考的问题。在选择教学目标时，应该考虑好学生当下的生活和未来发展之间的关联，也就是教育不仅应该关注学生以后的发展，还应该关注学生当下的学习状况。

教学课程的理想状态是学生可以在生活中学习，可以将课堂所学应用于实际的生活，这种形式的课堂可以培养学生的能力，提高学生对课堂、对学科的兴趣，为了更好地缩短课堂和生活之间的距离，课堂教学内容应该结合学生的生活实际，在学生能够理解的范围内尽可能多向学生传授和生活相关联的知识。除此之外，化学教学的价值不单是直接的知识价值，还包括很多潜在的价值。课程内容要素和系统的组合对课程价值有一定的影响，表现在有些价值被显现了，有些价值则被潜在化了。

学习化学课程既可以帮助学生提高外在的能力，又可以帮助学生发展内部的潜力，具体表现为化学课堂可以帮助学生掌握运用化学知识及解决生活问题的能力，又能通过化学知识的学习帮助学生培养理性思维，加深对化学知识的了解，拓宽认知范围。化学课程的重中之重就是以学生为课堂主体，将学生的现状和未来发展需求纳入课堂教学的考量范围，基于学生的生活实际开展教学，帮助学生了解生活中的化学知识，立足于学生的未来发展，帮助学生发展独立思维能力和解决问题的能力。

二是平衡社会要求之间的关系。教育涉及多个方面，教育的发展也必须兼顾各个方面的要求。教育的要求主要体现在：教育具有文化性，在进行知识教学的同时还要注重文化教学；教育具有时代性，教育在对学生进行基础教学时还应该兼顾时代特色的教学，在教学中渗入时代的观念；教育具有学术性，教育不是简单的知识拼接，还要注意知识间的联系，建立知识体系；教育具有阶段性，要根据进度阶段性地开展教学等。这一系列的教学要求增加了课程内容选择的难度，很难同时满足所有的教学需求，教学课程的选择只能寻求选择之间的平衡，如寻求基础化学和现代化学之间的平衡；寻求化学科学性、教育阶段性和相对性之间的平衡；化学知识学习的理论性和化学应用实践中的操作性之间的平衡等。平衡体现的是教学课程的选择结果，在选择教学内容时，既要涉及基础知识也要涉及当代化学发展的前沿知识；既要讲述理论方面的化学反应原理及化学基础规律，也要讲述如何将化学理论应用到化学实际，如何运用化学理论解决实际的操作问题；既要选择和化学知识息息相关的教学内容，也要考虑纳入社会中的化学应用实例；既要涉及化学家、教育家眼中的化学知识，也要涉及理论家、哲学家眼中的化学知识。

由此可见，在教育课程的选择中，并没有纳入全部的因素，因为教育时间和资源有限、社会因素和发展环境复杂，教育课程的选择只能是相对的平衡。但强调选择以上因素的原因是以往的教育课程在选择时，过于绝对化，只侧重某一具体方向，完全不考虑其他因素，最终导致教学效果不够显著。因此，高中教学课程内容的选择要主动平衡各种因素的影响，为了更好满足学生发展的需要，课程的选择在尽力地维持各个因素之间的平衡。

（二）高中化学课程的资源

1.课程资源的分类

化学课程资源是实现化学课程目标的基础。任何课程要想获得理想的结果，都需要有课程资源做保障。高中化学课程资源的分类可包括以下方面。

（1）根据课程资源的空间分布不同，化学课程资源可分为校内课程资源和校外课程资源。

第一，校内课程资源。校内课程资源是学校范围之内的课程资源，包括校内的各种硬件与设施资源，如图书馆、实验室、多功能教室、信息中心、校内工厂等，还包括各种知识资源、人力资源和活动资源。校内各种人力资源可综合作用形成校内人文资源，如校内各种学生团体、校风校纪、校容校貌、师生关系等。教学活动资源，如各种兴趣小组、座谈讨论等。校内课程资源是实现化学课程目标，促进学生全面发展的最基本也是最便利的资源。

第二，校外课程资源。校外课程资源包括学生家庭、社区乃至整个社会中各种可用于化学教育教学活动的设施和条件以及丰富的自然资源。其中，各地的博物馆、图书馆、科技馆、青少年活动中心、化工厂、污水处理厂等都是宝贵的课程资源。学校是整个社会的组成单元之一，课程教学就不可能孤立在社会大环境之外，所以，校外课程资源正好弥补校内课程资源的不足。校外课程资源的开发与利用也为转变教育教学方式、适应新课程要求提供了有力的支持和保证。

（2）依据课程资源的功能特点不同，可以把化学课程资源分为素材性课程资源和条件性课程资源。

第一，素材性课程资源。素材性课程资源的特点是作用于课程，并且能够成为课程的素材和来源，是学生学习和收获的对象，包括知识、技能、经验、活动方式方法、情感态度与价值观等各个方面的因素。最常见的素材性课程资源有化学教科书、教辅资料、报纸杂志、音像资料等。

第二，条件性课程资源。条件性课程资源的特点是作用于课程却不是形成课程本身的直接来源，但它在很大程度上制约着课程实施范围和水平，通常包括与课程相关的各种人力、物力、财力、场地、时间、媒介、设备、设施和环境及对课程的认识状况等因素。

2．课程资源的开发与利用

充分开发与利用化学课程资源，有利于丰富化学课程内容，促进学生主动学习。在高中化学课程改革的实践中，学校、教师都应努力开发和利用各种化学课程资源。

（1）树立正确的化学课程资源观念。以往的传统教学受到资源的限制，教师的授课主要依赖教材，但是随着时代的发展，如今网络上具有更为丰富的化学教学资源，教材不再是教师讲课的唯一资源，而且化学课程的教学在不断地改革，教师不仅是知识的传播者还是课程的组织者、促进者以及资源的开发者。教师在高中化学课程教学中占据重要的地位，所以化学教师应该树立正确的化学课程资源观念。

高中化学课程的开展需要教师进行指导，选择课程、开发课程、决策课程，为了更好地实现化学课程的教学，首先，教师应该以化学课程需要为重点，挖掘相关的课程资源，并且结合学校特点进行教学，这种教学方式可以丰富学习内容，教师作为课程资源的选择决定者，也是教学资源；其次，学生是教学的重要资源，学生是教师开展教学的基础，教师在进行教学内容的传授时，应该注意分析学生的知识框架；最后，教师之间的合作和资源分享有助于从整体上提高化学的教学水平。

（2）加强重视化学的生成性资源。化学生成性资源是产生与教学过程中的相关教学因素和条件。具体的，教师可以分析教学进度、学生在课堂上的整体表现，根据学生的接受情况改变教学策略。化学的生成性资源具有不确定性、潜在性、针对性的特点。

在高中化学教学过程中，有很多的生成性资源，主要包括学生提出的问题、学生对教学的感受、教师在教学过程中的失误等，这些生成性资源具有生动性、真实性的特点，对教学有巨大的价值，如果教师能够注重生成性资源，并且对生成性资源进行开发和利用，化学的课程教学便能更加有针对性，真正提高化学的教学效果。生成性资源也可以扩大化学资源的范围，为化学课堂带来了生机。

（3）合理开发与利用化学实验室资源。

第一，化学实验室资源的开发可以从现有实验室着手，化学中的很多知识都是通过实验获得的，很多结论也需要通过实验得出。所以，为了化学课程的有效开展学校应该开放现有的实验室，让学生自己动手做实验。实际的实验操作可以帮助学生提高化学学习水平。除此之外，学生在化学实验室除了可以进行课本上的实验之外，还可以自由选择实验器材、自主收集实验的数据、分析数据总结规律。学生对实验仪器、实验设备、实验模型的实际动手操作，对学生化学学习水平的提高有重要的促进作用。

第二，化学实验室资源的开发可以依赖于网络虚拟的实验平台，网络上虚拟的实验平台可以为学生和教师提供虚拟实验服务。虚拟平台包括实验平台和教学平台，实验平台可以进行虚拟实验，教师和学生可以自由选择实验器材，自主选择实验所需物质进行实验操作，如果有典型的实验操作可以由教师进行整体的设计，并且要求学生完成。虚拟平台可以为学生的实验创新提供有效的支持，这是虚拟平台的一大优势。

另外，高中化学课程资源的开发和利用不仅限于以上所述的方式，在今后的工作中应不断实践，加强交流，推动化学课程资源的开发和利用。

（三）高中化学课程的类别

1. 化学理论课

（1）化学理论知识的特征。

第一，化学理论性知识是指反映物质及其变化的本质属性和内在规律的化学基本概念和基本原理。化学理论性知识是指导学生学习化学的框架结构，是化学基础知识的精髓。化学理论知识是教材内容的重要组成部分，它能加深学生对化学事实性知识的理解，促进化学知识的有效迁移。

第二，化学概念是反映物质及其变化的本质特征的思维形式，是用简练的语言高度概括出来的，通常包括定义、原理、反应规律等，其中每一个字、每一句话、每一个注释都经过认真推敲并有其特定的意义，具有高度的科学性和完整性。通常所说的基本理论和基本概念相对于更高层次的化学知识而言，是学生进一步学习化学科学知识所必需的。新课标中，不再强调对概念定义的死记硬背，而是重视学生基本化学概念的形成过程，重视学生对化学和新概念的深入理解，增加了对化学基本观念的理解要求。

第三，新课标高中化学基本理论知识体系是以物质结构（化学微观构成）、化学反应与能量（化学热力学）、反应速率与化学平衡（化学动力学）三大理论的初步知识为指导，以元素周期系、物质的分类和能量变化为主线的。化学基本理论知识体系的建立，以化学实验探究为基础，以化学物质的分类和性质研究为载体，先分组学习代表元素及其重要无机化合物，再学习重要的基本有机化合物。充分体现了理论来源于实践，又指导实践，并在实践中得到检验这一理论与实践相结合的辩证思想。

（2）化学理论课的教学过程。化学理论课的教学应重视以下方面。

第一，创设以学生为主体的、合理的探究性学习环境。教师要确实了解学生的实际，确定学生的"最近发展区"，使教学尽可能贴近学生的实际。创设问题情境应挖掘教材中可探究的内容，考虑难度适宜性、真实性与趣味性，考虑问题能否拓展学生的思维，能否唤起学生的探究兴趣。教师应给学生足够的空间和时间探究，不应强行将学生纳入自己的教学设计中，应充分尊重学生的思维发展，以期学生主动建构自己的知识。教师可根据学生的个性，确定合作学习小组，教师要置身于学生之中，与学生平等相处参与讨论，这样有助于形成良好的探究氛围，形成问题解决方案。

第二，优化课堂教学过程。改变传统的理论课以教师讲授为主的教学方式，要将探究能力和探究精神的培养纳入教学目标中，使学生在积极、主动的状态中探究学习。教学要考虑效率，为了有效地利用课堂教学时间，可采取课堂内和课堂外相结合的方式，使学生通过各种途径查阅资料，以培养学生收集信息、处理信息的能力。

第三，对于不同层次的学生分层指导。对于不同学习能力和风格的学生要进行分层指导，其指导可从探究的各个阶段着手，如教学目标上可分层制定；问题情境可分层创设；小组讨论可分层组织、分层指导；探究性作业可分层布置；可以分层评价等。

第四，合理进行评价，激发学生探究的兴趣。教学评价贯穿于整个教学过程，不要只看学生学习的最终结果。教师应关注学生的学习方法及发现问题、收集资料、解决问题的能力等。

（3）化学理论课的教学过程。

第一，提出课题，列出研究的问题。问题是科学探究学习活动的动力、起点，科学探究学习又是发现问题、提出问题、分析问题和解决问题的过程。教师要引导学生主动发现和提出问题，积极参与自主探究，使每个学生都获得丰富的、创新的新体验、新感知；引导学生主动进行实验、观察、分析和处理信息，实际感受知识的产生过程。学生在探究中，动脑、动手、会遇到挫折；在探究中学生亲自体会成功的喜悦，感受探究的艰辛，学会承受失败的挫折，学会与同学分享成功的快乐与喜悦。在探究中，教师要引导学生重视学习和体验化学研究的基本思路与方法，理解科学概念及科学的本质，提高观察、分析解决问题的能力，逐步掌握对自然界进行独立探究的必要技能；教师要激发学生强烈的学习欲望，培养学生勇于探索和追求真理的科学精神。

第二，科学性与假定性的结合。从科学方法论的意义上来看，所谓"假说"，可以理解为对于事物、现象及其本质、规律或原因的某种推测性的说明方式。从原则上来看，科学中任何需要经受考验的陈述，都可称为"假说"。由于假说是根据一定的事实材料和理论知识，对研究对象未知性质和规律的一种推测，所以它既包括已知知识，又包括据此而推测得到的未知知识，就这个意义而言，假说具有科学性和假定性相结合的特点。同一类化学现象的多种不同的化学假说，甚至对立的化学假说之间的相互争论有助于揭示这些假说中存在的问题，相互补充乃至发展出新的化学假说。这有利于在化学实践的基础上使人们对化学现象的认识不断深化。

科学探究的问题提出后，则要对可能的答案或结果做出猜想或假设。引导学生根据提出的问题结合日常现象和化学学习，合理假设，培养学生的想象能力和创新意识，引导学生进行背景知识的了解，即针对准备研究的课题，引导学生进行查阅，找出原因，然后筛选有用的信息，提出自己的假设，培养他们的探索精神、质疑批判精神及创新精神。

第三，运用实验和资料来验证假设。学生获得足够的感性材料后，引导学生进行解释并通过理性分析，用报告的形式进行总结，学生通过比较、分类、归纳、概括等方法，对事实与证据进行简单的加工、整理和分析，得出正确的结论，并与前面的假设进行对比，再对结论进行分析和讨论，培养学生对事实的分析处理能力和归纳能力。教师积极引导学生用口头或书面等方式表达探究过程和结果，互相交流，共同探讨甚至争论，充分表达自己的思想观点，同时虚心倾听别人的意见，接受他人的成功之处，从而互相启发，形成正确合理的研究成果。

第四，结合新情境，检验规律性结论。教师要引导学生逐步学会如何与他人协作，学会如何与他人交流，学会互相尊重和包容，学会发现自己和他人存在的长处和不足。引导学生学会主动适应群体或团体生活，增长人文知识，培养与他人友好相处的良好心理品质。培养学生在科学探究中学会表达与交流讨论，学会与他人合作，增强其民主、平等、自由合作的意识和全体参与精神、科学态度和价值观。在科学探究这样完全开放的学习背景下，学生的自主性、独立性、能动性和创造性将不断提升。

第五，进行反思评价，提高学习质量。反思与评价是一种充满生机的教学理念。反思和评价既是一种学习过程，又是对一段学习过程的小结，只有不断地反思和评价，才能真正实现学会学习。学习每一课都要求学生反思这节课自己达到了怎样的目标，自己在知识与技能、方法以及情感方面有哪些收获和体会，还存在哪些困难等问题。在教师的指导下或通过讨论，使学生对探究活动进行反思，发现自己存在的不足，然后提出具体建议，改进自己的学习和探究活动，发展自我评价与相互评价的能力。对于每个课题，学生都会提出许多办法和得出多种结论，要充分发挥评价的激励和发展功能，增强他们的自信心，彻底解放他们的思想。要引导学生对各方面的因素综合考虑，分析学习的得失，找到问题的原因，从而全面理解问题，提高学习的质量。

2. 化学实验探究课

化学是人类社会发展和进步的支柱学科之一。现代化学不仅担负着它在生产和技术中的应有任务，还与能源科学、生命科学、生物科学、环境科学、材料科学等密切相关。化学在人类发展中的作用更加突出和重要。高中化学既要培养学生动脑思考问题和利用化学知识解决实际生活问题的能力，还要训练学生的动手操作能力，这是化学的特色之一。化学本身是一门以实验为基础的科学。实验是化学学科的生命线。化学教学是以实验为依据、以理论为先导，通过对化学知识的学习，对实验过程的观察、记录，对问题的分析、理解、概括、综合，以达到形成概念、掌握理论、启迪心智、陶冶情操之目的。

在化学教学中，让学生通过具体的实验活动，体验科学探究的过程，培养他们的探究能力，形成科学的态度和价值观。科学探究的过程有很多，在化学中我们主要通过实验和学生活动去体现这一过程。

科学探究的过程一般而言包括以下"程序"：提出问题、猜想与假设、设计方案、进行实验、收集证据、解释与结论、反思与评价、表达与交流。当然科学家的探究过程未必完全是上述过程，这仅仅是科学探究的一般程序，其中更重要的是它的科学态度和科学精神，包括求知、进取和求实，"求知是科学探究的先导，进取是科学探究的保证，求实是科学探究的基本要求"[①]。值得注意的是，教学中的科学探究与科学家的探究是有一定区别的，探究教学模式的建立既要考虑科学探究的基本规范，又要考虑学生现有能力水平及发展需要。在深入分析学生已有经验的基础上，努力创设真实、生动、开放的学习情境和探究活动，这样才能使探究活动落到实处。

（1）构建化学实验情境。在教学中，应该注意情境的设置，一个好的情境能够使学生产生无知的感觉和解决问题的愿望。问题情境的设置是教学设计的第一步，好的问题情境能够带领学生进入探究学习的世界，在其中积极主动地活动，建构自己的知识体系。同时通过教师与学生的交流创生出有意义的课堂。

（2）促进学生自主探究。学生通过动手实验探究问题，检验假设，解释观察结果，最终解决问题。值得注意的是，让学生亲自动手去做实验（可以分组实验），而不是教师演示，体验过程不是说出来和听出来的。在"做"中"学"，在"学"中"做"，才能使教学真正有效。此外，教师应该引导学生进行合作分析，以分组讨论的形式让学生找到解决问题的正确方案，然后通过合作的方式完成课本上的实验，或在此基础上设计新的补充实验去探究。

（3）详细分析实验数据。在收集到一系列的实验数据和观察到一系列的实验现象后，引导学生对实验数据和实验现象进行分析，用已知的知识去感悟未知的东西。在这里应该注意设置有层次的问题去引发学生的思考，因为学生单纯的行为参与并不能引发其高层次的思考，只有通过有价值的问题才能使学生有深层次的认知，从而促进学生的全面发展。问题应该具有层次性和开放性，使得每个学生都可以根据自身对实验的体验讲出自己的意见。因此，教师应该利用好的问题情境，引导学生构建自己的知识体系，帮助学生解决问题。

---

① 孔令鹏.高中化学新课程理念与教学实践 [M].北京：商务印书馆，2005：79.

（4）教师与学生的评价。教师与学生评价环节主要包括四个方面：①教师对学生实验过程的评价；②学生对实验方案和过程的评价；③学生对实验结果合理性的评价；④学生对实验结果的批判性思考。

教师还应提出适当的应用问题来激发学生进一步思考，学生则将已建立的科学概念和学会的科学方法加以应用。例如，可以布置更加开放的探究问题：探究水的净化。鼓励学生进一步感受生活，理解化学知识在生活中的应用，同时锻炼自己的探究能力。

（5）注重问题的讨论。

第一，探究过程中学生的收获。探究既是学生学习的目标，又是学生学习的方式。在学习过程中，只有使认识过程、情感过程和意志过程得到协同发展，才能收到好的效果。通过探究学习，使学生得到全面发展。

第二，获得亲自参与研究探索的体验。通过类似科学研究的学习活动，学生获得亲身的体验，逐步形成善于质疑、乐于探究、努力求知的积极态度。

第三，培养发现问题和解决问题的能力。实验探究学习是围绕一个相对复杂的问题来进行的学习活动，在学习活动中，教师引导和鼓励学生发现和提出问题，设计解决问题的实验方案，引导学生在实验中通过分析、比较、研究得出结论。

第四，学会交流合作。构建相对复杂的问题，使得一个学生很难独立得到比较完善的结论。在探究学习中，学生之间通过讨论、交流，分享对问题的看法和解决方案，使学生感受到合作学习的乐趣，培养他们的团队精神。

第五，形成科学的情感态度。在学习过程中，学生通过提出假设、实验探究、收集资料、得出结论、交流反思等过程，可以认识到进行科学研究要有踏实、认真、实事求是的态度；在探究中，要学会尊重他人。通过学习和训练，学生会逐渐养成严谨、求实的科学态度，不断进取的科学精神。

运用探究式教学可以改变教学机械沉闷的现状，能激活学生的思维，给学生提供一个敢想、敢做、敢问的空间，让课堂充满生机，使师生双方处于平等、民主、自由、公正、宽容的氛围中，师生之间是鼓励和帮助的"伙伴"关系，使教师成为学生中的首席者，双方互相接纳、互相敞开、互相理解，从而达到共享知识、共享智慧、共享人生价值的目的，真正摆正教学过程中教师的主导地位和学生的主体地位，使课堂教学达到理想的效果。

3.化学社会生活课

普通高中化学课程作为学校科学教育的重要组成部分，其根本目的是要提高学生的科学素养，促进学生的全面发展，满足 21 世纪科学技术和社会可持续发展对高素质人才的需要。《普通高中化学课程标准（实验）》明确提出，高中化学课程应"有利于学生形成科学的自然观和严谨求实的科学态度，更深刻地认识科学、技术和社会之间的相互关系，逐步树立可持续发展的思想"，这一课程性质体现了高中化学教育中的 STS 思想。

STS 是科学（Science）、技术（Technology）、社会（Society）的英文缩写。基于科学技术和社会发展的需要，20 世纪 60 年代末 70 年代初，在美国诞生了一个以多学科交叉为基础的研究科学、技术和社会相互之间关系的哲学社会学新领域，这就是 STS 研究。在广义的理解中，STS 体现为一个学科群，是科学史、技术史、科学哲学、技术哲学、科学社会学、技术社会学、科技政策研究等学科对科学、技术与社会的相互关系之研究的总称。STS 是以传统的科学史、技术史、科学哲学、技术哲学、科学社会学、技术社会学等学科为基础，在更高的水平上进行理论综合，并由此形成上述传统学科之基本内容、追求对科学、技术与社会之相互关系的新理解的一门新兴的交叉学科。

STS 教育是世界科学教育改革与发展的一种新范式，它是 STS 研究应用于科学教育实践的成果，已成为当今世界科学教育改革的主要趋势之一。STS 教育与传统科学教育不同，STS 教育在教学中强调三个方面：①STS 教育强调为科学学习提供真实世界情境的重要性，以使学生能应用他们的知识对社会中的问题，如酸雨、光化学烟雾、水污染等作出明确的决策；②在学生试图理解他们的环境时，STS 教育重视的是科学原理的发现或证明，而不是对真理的盲目接受；③STS 重视把科学看成是一种学习过程，认为能对自己的结论进行论证与单纯地得到指向结论的结果同样重要或更重要。

化学教学的 STS 教育就是要求化学教学要与科学、技术、社会相结合使它们融为一体，从而更好地发挥教育的功能，以培养了解科学技术及其后果、能够参与设计科学技术决策和实施的公民。

（1）化学新课程中的 STS 思想。《普通高中化学课程标准（实验）》指出，要"在人类文化背景下构建化学课程体系"，要"结合人类探索物质及其变化的历史与现代化学科学发展的趋势"，要"从学生已有的经验和将要经历的社会生活实际出发"，要"通过以化学实验为主的多种探究活动"来开展教学工作。

在《普通高中化学课程标准（实验）》中设置了两个选修模块，"化学与生活"与"化学与技术"，通过这两个模块的学习，要求学生分别侧重在以下方面获得发展。

第一，化学与生活。首先，认识化学在促进人类健康、提供生活材料和保护环境等方面的重要作用；其次，能应用所学化学知识对生活中的有关问题作出判断和解释；最后，认识化学科学的发展对提高人类生活质量的积极作用，形成可持续发展的思想。

第二，化学与技术。首先，了解化学在工农业生产中的具体应用，认识化学工业在国民经济发展中的地位；其次，认识化学科学发展对技术进步的促进作用，强化技术意识；再次，形成自然资源综合利用、废旧物资再生利用的概念；最后，通过调查、分析和讨论交流等途径认识实际化工生产技术问题的复杂性，增强创新意识。

（2）化学教学中的STS内容。

第一，创设真实问题情境。化学新课程强调学习情境的创设是新课程倡导的学习方式的需要。学习情境在激发学生学习积极性，培养学生学习主动性，帮助学生完成知识体系构建上具有极为重要的作用。当学习的内容和结论可以直接获得时（如直接讲述概念），过程和情境可以省略。另外，省略了学习情境和学习过程，学生的学习就成了被动接受式学习和形式操练，这是和知识的构建过程相违背的。

在传统教学中，学生主要的信息源是课本中的文字、图片以及教师的讲解、板书和演示等，这是与讲授式的教学方式相适应的。构建主义者反对过于简单化地处理学习内容，希望把学习置于真实的、复杂的情境之中，从而使学习能适应不同的问题情境，在实际生活中能有更广泛的迁移。

在传统教学中，学科体系是完整的，教学中更注重双基，教师习惯于"津津乐道"，学生习惯于"理解记忆"，在这样的教学中，分数成了衡量学生学习程度的标准，标准答案成了学生追求的目标。化学远离了生活和社会，使得学生学得知识，难以解决实际问题，其原因是在教学中教师把学科的主干、关键知识提取出来，隔离了与具体情境的联系，误以为学会了主干知识，就能运用于生活。情境学习理论认为，知识是由现实世界中相对应的事物或情境所决定的，当知识脱离了现实的情境时，就变得没有活力。现实课堂中的教学内容往往只包含从情境中抽取出来的抽象知识，也没有给学生提供实践应用的机会与条件，学生从书本中学到的知识是表面的、抽象的，与亲自去做、去观察是不一样的。学生虽然学习了一个新的概念原理，但是，如果没有实际使用的真实情境，就根本无法运用。此外，学习的很多知识由于脱离现实世界，在实际中用不上。

从实际来看，要想使学生"学以致用"，必须创设真实的问题情境。真正的、完整的知识是在真实的学习情境中获得的，这些情境必须是有启发性的，这样有利于学生发现问题；这些情境能够促使学生实现新旧知识的整合，从而构建知识的体系；这些情境有利于实现学生知识的迁移。总而言之，情境必须具有全面性，能使学生通过解决情境所构建的问题，获得全面的发展。

第二，突出科学观念和科学主题。STS教育是科学教育的一种范式，目的在于加深学生对科学、技术和社会相互关系的理解，提高其科学技术素养。概括而言，突出科学观念与科学主题应重视以下三个方面。

一是科学观念、科学方法的培养。化学课程中的科学探究，是学生积极主动地获取化学知识、认识和解决化学问题的重要实践活动，它涉及提出问题、猜想与假设、制订计划、收集证据、解释与结论、反思与评价、表达与交流等过程。通过亲身经历和体验科学探究活动，有利于激发学生学习化学的兴趣，增进对科学的情感；有利于学生理解科学的本质，学习科学探究的方法，初步形成科学探究能力。在引导学生对生活中的化学物质和化学现象进行探究、解释的过程中，让学生体验科学探究的过程，初步学习科学探究的方法。

二是可持续发展观。化学知识的转化对技术变革的促进必然会给社会带来诸多方面的影响。在人们不断强化其正面影响的同时，其负面影响亦随之不断扩大。社会的发展不能只考虑经济数值的增长，还要注重质量的发展。

三是科学与人文的结合。科学不断以令人炫目的速度在日新月异地改变着世界。长期以来，传统观念认为自然学科与人文学科是毫不相干的，自然学科和人文学科分属于两类不同的学科。在传统教学中，我们往往更重视科学知识的传授，而忽视人文精神的教育。从实际而言，科学的发展，并不局限于研究对象本身所发生的进步和变化，它总是通过进入人们的认知结构，丰富或改变人们的思想观念和文化传统。在科学发展的过程中，深深地蕴含着科学家充满人文主义的态度和精神。科学不能成为教育的唯一依据和唯一目的，科学知识、科学方法和科学精神本身就受到人文精神的制约。化学是一门与生活密切相关的科目，在传统的化学教育中却没有让学生理解它在生活中的应用。

第三，强化学生和课程的创新。在化学教学中，当学生的注意力放在创造出对他们有意义和有兴趣的化学问题以及相关问题上，并在通过设计方案探索问题答案时，学生会自然地实现化学问题的解决并自然地进行批判性的思考，寻找解决问题的方法。教师在教育活动中应注意：①创造力源于好奇心，所以要保护学生的好奇心，创设恰当的问题情境，把学生思维引向更深更广的领域；②鼓励学生采用与众不同或教师自己没想到或未采用的方法，鼓励学生的批判性思维；③允许学生探索活动的失败，要帮助学生分析原因，发现探索活动中的闪光点；④对学生实行多元化、发展性的积极评价，给予不同发展机会，以减轻他们成长的压力；⑤鼓励和培养学生的冒险精神，要强化其进取精神，以激发其创新意识和创新欲望。

第四，注重化学史的教育。化学史是人类在长期的社会实践过程中，对大自然的化学知识的系统的历史的描述。通过化学史的学习，学生可以获得多种体验，具体如下：①系统了解化学产生和发展的历史全过程，体会到化学对人类发展的巨大作用；②通过了解科学家科学发现的过程，学习他们严谨治学的态度和为科学事业献身的精神，体会科学发现的艰辛；③增强学生的社会责任感；④增强学生的团队合作意识。

第二章 微课在高中化学课堂教学中的应用

第一节 高中化学课堂教学方法与技能分析

一、高中化学课堂教学方法

"化学课堂教学方法是指教师和学生为了完成教学任务、实现教学目标而采用的共同活动方式，是教师指导学生掌握知识技能、获得身心发展而共同活动的方法，是教师的施教活动、学生的学习活动，以及教师和学生相互作用和构建人际关系的活动，它关系到教学目标能否实现、教学任务能否完成以及完成的程度、质量和效率"[1]。化学课堂教学方法主要包含注入式和启发式，注入式是指教师从主观出发，将学生看成单纯接受知识的容器，向学生灌注知识，无视学生的主观能动性，教师仅仅是一个现成信息的负载者和传递者，学生仅能起到记忆器的作用；启发式则是指教师从学生的实际出发，采取有效的形式去调动学生的学习积极性，指导他们自己去学习的方法。启发式教学方法是要求教师掌握的，特别是在新的教学方法不断出现的"互联网+"时代更是如此，在此基础上出现了两种典型的化学教学方法，即化学实验启发教学法和化学多媒体组合教学法，但在应用化学教学方法时一定要有针对性和多样化，在此基础上实现最优化的教学方法。

（一）高中化学课堂教学方法的类别

根据教学活动中学生的不同认知方式，将常用的教学方法分为四类，主要包含以下方面。

1. 以直观感知为主的教学方法

以直观感知为主的教学方法具有形象性、具体性、直接性和真实性的特点，主要有演示法和参观法两种。

（1）演示法，指教师通过展示实物、教具和示范实验来说明和验证某一事物和现象，

---

[1] 赵刚，袁红娟，陆海峰.高中化学课堂教学与体系构建[M].长春：吉林人民出版社，2019：84.

使学生掌握新知识的一种教学方法，主要有实物、标本、模型、图片的演示；图表、示意图、地图等演示；电影、录像等演示。演示法体现了直观性和理论联系实际的教学原则。演示法要操作规范，引导学生集中注意力，发展学生的观察能力并分析归纳综合得出结论。

（2）参观法，也叫现场教学法，是教师根据教学目的和要求，组织学生进行实地考察和研究，使学生获得新知识，巩固、验证旧知识的一种教学方法。优点是能够使教学和实际生活生产联系起来，激发学生对知识的渴望和兴趣，开阔学生的视野，使学生直接接触社会，并从中受到教育和启发，同时培养观察事物的能力和习惯。参观前要根据教学目的和要求做好充分准备，参观时引导学生收集资料，做好记录，参观后组织学生总结。

2. 以语言传递为主的教学方法

以语言传递为主的教学方法最为广泛，主要包括讲授法、讨论法、谈话法和读书指导法等。

（1）讲授法，指教师运用口头语言系统连贯地向学生传授知识、技能，发展学生智力的一种教学方法，可分为讲授、讲述、讲解和讲演四种。优点是可充分发挥教师的主导作用，在短时间内获得大量系统的科学知识，并能结合知识传授进行思想品德教育。讲授法要求内容要有科学性、系统性和思想性，要认真组织、系统完整、层次分明、重点突出、语言精练。讲述可用于讲述化学史、陈述组成、结构、性质、变化等；讲解用于分析化学事实，解释和论证比较复杂的内容等；讲演用于对某个专题系统介绍等，比较适合高年级学生。

（2）讨论法，指全班或小组成员在教师的指导下，围绕一个中心问题发表自己的看法和见解，相互学习的一种方法。学生要具备一定的基础知识、理解能力和独立思考能力。优点是通过对所学的内容展开讨论，学生之间可以集思广益、相互启发、加深理解、提高认识，激发学习热情，培养对问题的钻研精神，锻炼语言表达能力。教师主要是提出有吸引力的问题，明确具体要求，指导学生收集资料，引导学生围绕中心、结合实际自由发表，让每个学生有发言机会，结束前要小结并提出进一步思考的内容。

（3）谈话法，指教师和学生相互交谈，以引导学生根据已有的知识经验，通过独立思考去获取新知识的一种教学方法。优点是能照顾到每个学生的特点，充分激发学生的思维活动，有利于发展学生的语言表达能力，并使教师通过谈话直接了解学生的学习程度，检查自己的教学效果，从而提出一些补救措施来弥补学生知识的缺陷，开拓学生的思维，使学生保持专注和兴趣。教师要做好计划，对谈话中心、内容和问题做充分准备，问题要明确具体，善于诱导，结束前要进行小结。

（4）读书指导法，指教师指导学生通过阅读教材和参考书，以获得和巩固知识，培养学生自学能力的一种方法。指导阅读教材时要学生预习，为上课打好基础，培养学生良好的阅读习惯；参考书阅读有精读和泛读两种。读书指导法对培养学生的阅读能力，教会学生学习、发挥学生的自学能力有独特的价值。教师要明确目标、要求，给出思考题，教会学生使用工具，帮助学生学会阅读方法并用多种方法指导学生阅读。

3. 以实际训练为主的教学方法

以实际训练为主的教学方法是指以形成技能技巧、培养行为习惯和发展学生能力为主的教学方法。例如，《化学教师综合技能训练》教材就是典型的实际训练法，这种方法的特点是使学生通过实践活动达到动脑、动口、动手，提高学生分析问题和解决问题的能力，并养成良好的行为习惯，主要包含以下几个方面。

（1）练习法，指学生在教师的指导下巩固知识，培养各种技能技巧的基本教学方法。包括说话练习、解答问题练习、绘画和制图练习、作文和创作练习、运动与文娱技能技巧练习等。优点是可以有效发展学生的各种技能技巧，对培养学生的意志品质有重要作用。练习法主要是明确练习的目的要求，方式要多样，注意学生基础知识的积累和基本技能的提高，进行及时的检查和反馈评价，培养学生自我检查的习惯。

（2）实验法，指教师引导学生使用一定的仪器和设备，进行独立操作，引起某些事物和现象产生变化，从而使学生获得直接经验，培养学生技能技巧的教学方法。常用于自然科学的学科教学，如本教材的化学实验教学训练和科技活动训练部分。优点是可以将理论与实践相结合，有利于激发学生的求知欲、培养学生独立使用仪器进行科学实验的基本技能、严谨的科学态度和扎实的作风。实验法要求认真编写实验计划，加强实验指导，做好实验报告批改和实验总结工作。

（3）实习法，指教师根据学科课程标准的要求，指导学生运用所学知识在课内和课外进行实践操作，将知识运用于实践的教学方法，如数学测量实习、化学教育实习等。优点是有利于理论与实践相结合，培养学生运用书本知识从事实际工作的能力，有重要的现实意义。实习法要求在教师指导下有目的、有计划、有组织地进行，教师要加强指导，实习结束后要指导学生写出实习报告并进行成绩评定。

（4）实践活动法，指让学生参加社会实践活动，培养学生解决实际问题的能力和多方面实践能力的教学方法。实践活动法要严格以学生为中心，教师只是学生的参谋和顾问，教师要保证学生的主动参与，不能越俎代庖。

4. 以引导探究为主的教学方法

以引导探究为主的教学方法是指教师组织和引导学生通过独立的探究和研究活动而获得知识的方法，也称为"发现法"，又名探索法或探究法、研究法。学生在教师指导下，对所提出的课题和提供的材料进行分析、综合、抽象和概括，自行发现并掌握相应的原理和结论。发现法的特点是关注学习过程甚于关注学习结果，要求学生主动参与到知识的形成过程中。优点是能够使学生的独立性、探索能力、活动能力和创新能力在探索中得到高度发挥。教师要明确探究发现的课题和过程，严密组织教学，创造有利于学生发现的良好情境。

（二）高中化学课堂教学方法的运用

化学教学方法多种多样，但选择时必须要有针对性和多样化，要采用最优化原则，注意情境性与启发性，可以根据学习动机的激发方法，如创设新奇情境、成功情境，说明学习意义，提出期望要求，利用有效评价等，来选择合适的教学方法。在教学活动的组织和实施过程中要注意个别教学、分组教学、团体教学的使用与把握，在组织方式上要分清课堂教学、实验教学、电化教学等不同的组织形式。还要按照学生接受—复现、复现—探索、自主探索的认知活动方式进行选择。在教学活动中，内部活动方式主要有分析、抽象、综合、概括、判断、推理、比较、归类、论证等；外部活动方式则有陈述、谈话、讨论、阅读、展示、演示、参观、实验、练习、实习、其他活动等。在选择教学方法时一定要注意将内部活动和外部活动结合起来进行。

在使用教学方法时应进行教学活动的检查、反馈和调控。教学活动的检查方法主要有测验（口试、笔试等）、观察（练习、作业、表情等）和调查（谈话、问卷、自陈等）；反馈方式主要有评定成绩和作出评论；调控方式主要有教师控制、教材控制、机器控制、学生自控，调控是多层次、多维度和多类型的复杂体系，必须合理地选择和优化教学方法。

教学方法要根据教学目的和任务的要求、课程性质和特点而定；每节课的重点和难点、学生年龄特征、教学时间设备和条件、教师业务水平与实际经验和个性特点而定；还受到教学手段、教学环境等因素的制约，这就要求教师要全面、具体、综合地考虑各种关系，进行权衡和取舍。选择化学教学方法时要看该方法是否有利于完成既定的教学任务、达到预定的教学目的；是否适合于教学内容，符合学科的研究方法；是否适应学生个体以及学生集体的发展水平和心理等方面的需要，学生是否具有必要的学习准备；是否具有相应的教学条件，如实验设备；是否符合化学教学规律和教学原则；是否有利于落实教学指导思想、教学策略和教学思路；教学方法本身的教育价值；教师对教学方法的了解、使用教学方法的经验和能力及教学风格等个人品质和个性特征。

教学方法运用的综合性是指根据教学任务和教学内容的需要，综合运用多种教学方法，而不要长期只使用一种教学方法；教学方法运用的灵活性是指在实际应用中，要从实际出发，随时对其进行调整，以达到最佳教学效果；教学方法运用的创造性是指从教学实践出发，在把握现有的基础上进行教学方法的创新，如对分课堂、翻转课堂、微课、慕课、私播课等教学方法的运用等。

二、高中化学课堂教学技能

课堂教学是教师把精心设计好的教学设计（教案和学案）在课堂上实施，以取得预想的教学效果，课上必须要充分发挥教师的主导作用，调动学生的主体积极性，上课过程中要注意信息的及时反馈和调控，要严格控制教学时间，提高课堂教学效率。高中化学课堂的教学技能主要包含以下方面。

（一）教学语言技能

教学语言是教学信息的载体，是上课的必备条件。教学语言的基本要求是遵守语言的逻辑规律，化学语言应该准确、鲜明、生动，合乎语法，用词恰当等。教学语言还要适应教育教学要求，声音清晰、洪亮、流利，发音标准，声音抑扬顿挫，语速适当，语调要有节奏和变化等。教学语言必须符合化学学科特点，正确应用化学术语，确切表达化学概念，符合化学语言规范等。教师用教学语言讲授时，应该做到内容完整、层次分明，富有逻辑性，既注意全面和系统，又抓住重点、难点和关键。讲授时必须语言准确、精练、生动，学生能听清、听懂，有感染力，能引起和保持学生的注意力。讲授时还应注重启发性引导、分析、阐述和论证，注重激发学生积极思维，使师生活动协调、同步。在讲授的同时，能恰当运用板书、板画及表情、手势等手段来配合，注意收集讲授效果的反馈信息，能及时做出适当的调整。

（二）学习活动技能

学生的化学学习活动主要有课堂上的听课、记笔记、观察、思考、实验等，教师在教学中要不断地组织实施这些课内和课外学习活动，提高组织和指导学生进行学习活动的技能，具体包含以下几个方面。

1. 听课技能

听课和记笔记是学生课堂上最重要的学习活动。在课堂教学中，教师要在上课前做好学习定向工作，使学生大概了解学习目标、方法和步骤，要重视做好每节课的小结工作，使知识结构化和系统化，帮助学生完成模型认知和知识建构。在讲课时，重点和难点内容要有必要的重复讲授，并利用停顿和提高语调、控制较慢的语速和配合板书，让学生能听清和看清，并配合使用积极的情感表达与丰富的副语言技能，充分调动学生的学习积极性，发挥学生的主体性，使学生自动自觉地想听课和要做笔记。课堂上教师还要指导学生合理分配注意力，善于将耳、眼、脑、手相互配合和协调使用，在老师上课停顿时抓紧记笔记，先将不理解的问题记下来，等课后再认真思考或请教老师与同学。记笔记时还要学会选择内容，主要记老师讲课的思路、内容提纲、疑难问题、教材中没有的重要补充内容和学习指导等，并要学会用简明扼要的文字、图表和符号做笔记，以便于节省时间。还可以组织班级优秀笔记展示和交流等活动，逐步提高对课堂笔记的要求，提高听课和记笔记的效率。

2. 讨论技能

讨论是在教师的组织和指导下，相互质疑和论辩、启发和补充、共同得到问题答案的一种集体学习活动，它要求学生具有一定的知识基础、思考能力和讨论习惯，也要求教师有较强的组织与管理能力和丰富的教学经验。教师组织和指导学生讨论的难点是控制讨论方向和时间，提高讨论效率和学生的积极性。首先，教师要围绕教学目标，精心设计讨论题，使其具有较好的思考性、论辩性，难度适中，最好配合化学实验、情境导入、课堂练习和作业等活动方式；其次，让学生理解讨论题及意义，给学生足够的思考时间，可以采取提前公布讨论题、引导学生复习有关知识、阅读教材和参考资料、收集资料和准备必要的发言稿等方法；再次，鼓励、要求学生在认真思考、准备的基础上各抒己见，积极大胆地发言，勇于坚持正确的意见、修改和放弃错误的意见，还要让学生在讨论中紧扣主题、相互切磋和学习；最后，教师要及时帮助学生排除疑难、障碍和干扰，尽量让学生自己分辨是非、纠正错误，得出正确的结论，教师不轻易表态和包办，但更不能放任自流、袖手旁观，要注意掌握时机，积极引导，培养学生自己组织讨论的能力等。

3. 合作技能

合作学习是以小组为单位，通过学生或学生群体间的合作性互动来促进学习，达到整体学习成绩最佳的学习组织形式。合作学习把个人之间的竞争转化为小组之间的竞争，力求通过组内合作，使学生尽其所能，达到最大限度的发展。教师在组织合作学习时，首先，要明确个人责任，培养团体精神，鼓励每个成员发挥最大潜力，在独立思考的基础上，在平等民主的氛围中人人参与，各抒己见，重视小组成员间相互支持、鼓励和帮助，使每个成员达到预期目标；其次，合理组建学习小组，促进学生共同参与，精心设计合作学习内容，发挥小组各成员的作用；再次，把握合作学习时机，提高每个成员的参与欲望，由于合作学习方式不能每节课都采用，也不是整节课都使用，教师要把握恰当的时机组织小组合作学习，让学生带着迫切的愿望投入合作学习中；最后，进行适时、合理的评价，调动参与者的学习积极性。在合作学习过程中，如果学生每一个有价值的问题、精彩的发言或成功的实验操作，都能得到组内其他成员的赞许，会使学生体验到合作学习的快乐，可有效激起他们继续合作的欲望。

4. 练习技能

练习是以巩固知识、形成技能和发展能力为目标的实践训练活动，是教学过程中的重要环节。通过练习可促进学生将学到的知识与实际相联系，使学习效果进一步得到深化和提高，也是教师获得反馈信息的重要途径，但练习一定要防止陷入题海中，要力求精练和取得高效率。

首先，针对学生发展的需要，精心选择、编制练习题，要有明确的练习目的，内容要在全面的基础上突出重点和难点，练习题还要有典型性、思考性、开放性和趣味性，化学练习要尽量联系生活和生产实践，难度和题量都要适当，要减少重复练习，保护和发展学生的学习兴趣；其次，引导学生复习有关知识，进行审题与解题指导，讲清要求与格式，对复杂的练习，按分步练习—完整连贯—熟练操作顺序分阶段组织练习，练习前教师要指导学生复习相关知识，进行审题和解题指导，讲清要求和格式，并进行例题示范，特别要讲清解题思路，注意一题多解和举一反三；再次，教师通过巡视检查及时收集教学反馈信息，实行分类指导，对完成较好的同学可以增加要求更高的补充练习，对出现错误和完成有困难的学生则进行指导和课后辅导，对普遍感到困难的题目则要补充讲解，如果有时间还可以让学生上黑板演示练习过程，并组织全班同学观摩和评价；最后，教师及时对学生的方法、过程和结果进行讲评，组织学生互评、自评。教师要做好练习总结，在学生有了实践体会的基础上，总结出审题、解题或操作的一些规律，加深并提高学生对相关知识的理解，并布置一些课后作业（家庭作业）让学生进一步练习，提高解题技巧。

5. 自学技能

化学课程的自学主要包括阅读、实验、思考、解决问题、课前预习、复习和表达等。教师在组织和指导学生自学时，首先是引导学生认识学习是自学的首要任务，充分认识这对于适应学习型社会、提高自身发展潜力的重要意义。其次是通过教师自身的示范，让学生逐步学会收集、选择学习材料，自己确定学习任务、重点等。再次是让学生知道自学阅读不仅要用眼，还要动笔，摘录要点，及时记下心得、体会，整理和编写知识小结，做好阅读笔记。还要注意多动手练习来深化理解、学会应用和掌握知识，学会善于动脑，注意新旧知识的对比联系，发现问题后，通过独立思考或与同学讨论解决，注意进行概括和总结，抓住重点和精髓。最后是学生要逐步掌握学习各类内容的规律，教师注意组织好自学成果的交流、讨论和示范活动。例如：对理论性知识要注意产生有关概念、原理和定义的事实依据，学会通过抽象、概括和推理，自己得出结论，了解有关知识的应用及其范围，并能具体举例；对元素化合物知识，要多联系实验现象，厘清物质的结构、性质、用途与制法之间的联系与规律，并形成概念图。

6.探究技能

探究式教学是由学生自己寻找问题答案的教学活动方式，它以学生独立自主学习为前提，给学生提供观察、调查、假设、实验、表达、质疑及讨论问题的机会，让学生将自己所学的知识应用于解决实际问题。探究式教学有利于开发学生的智力，发展学生的创造性思维，培养自学能力，有利于学生学习和掌握学习方法，培养学生的五大化学核心素养，为终身学习和工作打下坚实的基础。化学教师的作用是调动学生的探究积极性，引导学生发现问题、提出问题、分析和解决问题，促使他们自己去获取知识、发展能力。

教师在组织和指导探究教学时，首先，要发掘蕴含在教材中的探究因素，充分利用化学实验进行探究活动，不能只满足学生做实验，还应注意创设问题情境让学生自己设计实验，通过实验探究活动发展学生的发散思维和批评性思维，充分挖掘学生的创新意识与科学精神。其次，激发学生探究、思考的兴趣，教师要注意引导学生形成思考实验现象、发现问题、解决问题和探究原因的兴趣，引导学生质疑和创新，使学生主动进行探究活动。再次，教师要敢于放手，留给学生思考的空间，当学生在探究活动中遇到问题时，教师不能急于解释和给予帮助，要利用学生已有的知识去进一步引导，要留给学生思考的时间和空间，并注意启发学生去发现新问题，引导他们找出不同的方法和思路，鼓励学生自己设计实验方案，并亲自观察、尝试、探索、实践，还要允许学生出现错误，不能求全责备，使学生在自由、和谐的轻松氛围中去探究，充分展现自己的才华。最后，按照科学探究的过程规律，指导学生开展探究活动，要按科学探究的方法抓好情境创设、发现问题、明确问题、提出假设、收集资料、进行验证、形成结论和讨论交流等环节；并注意引导学生总结科学探究方法，重视科学精神和社会责任。

（三）板书、板画技能

板书是在课堂教学过程中教师利用黑板、白板、磁性板等，以精练的文字和化学符号传递信息的行为方式，一种重要的课堂教学手段，是课堂教学的有机组成部分，板书设计是课时教学方案的重要组成部分，是教师的基本功之一；板画主要指绘制常用化学实验仪器图及其装置图，是学生巩固和加深理解化学基础知识不可缺少的途径，板画要求按现行的高中化学课程标准执行。高中学生应初步学会描绘简单仪器及其装置图，通过板画，可使学生熟悉仪器的名称、性能、大小及连接方法，科学地掌握仪器装置的原理；同时板画可作为直观教具，提高教学效果，激发学生的学习积极性。板画训练时要由简到繁、分步画出，绘制时要求形象正确，比例适当，条理清晰，重点醒目，以表现实验装置的要求，达到贴切美观的教学效果。

（四）化学模型、图表与标本使用技能

化学模型是以化学实物为原型，经过加工模拟制作的仿制品，是对化学实物三维表现的构造示意。有些实物不易得到，或因体积需要缩小或放大，都可以制成模型。常见的化学模型有化工生产的典型设备，如炼钢高炉模型等；化工生产流程，如接触法制硫酸简单流程模型等；物质结构模型，如电子云模型、有机物分子结构的球棍模型和比例模型等。图表是指化学教学中各种图和表，图是事物形象描述或理论关系的生动描述。常见的图表主要有化学实验图，如实验仪器装置图、基本操作图等；化工生产图，主要是典型设备构造示意图和工艺流程图；物质结构图，如电子云图、原子结构示意图等；物质相互关系图，如元素化合物及其相互关系图等；各种曲线图，如溶解度曲线图等。标本是指经过挑选或加工，外观品质符合教学要求的化学实物。高中化学教学中常用的实物标本有矿物标本、重要化工产品标本、冶金产品标本、化学试剂标本和物质的晶体标本等。

（五）布置作业与辅导技能

布置作业是课堂教学活动的组成部分，主要是告诉学生应进行哪些工作和完成这些工作的方法。作业的形式主要有阅读教科书和参考书、做练习题、进行调查、参观、绘制图表、实验（学生在家中可做一些简单的实验）等。布置作业时注意作业的内容要围绕重点，解决难点；内容表达要明白，作业的范围要确定；措辞要科学；要启发学生思维，培养学生分析及解决问题的能力；要启发学习动机，使学生认识作业的重要性；要重视指导进行作业的方法。对特殊困难的学生，最好另外进行个别辅导；要注意适度，如分量过重，学生不能完成，会降低学习兴趣，有些学生还会看成学习负担。批改作业可以采用全收全批与部分批改相结合，精批细改与典型批改相结合，集体批改与个别批改相结合等方法。辅导是一种辅助性的教学组织形式，以弥补课堂教学的不足，便于了解学生学习上的问题和意见，研究学生的认识规律，做到教学相长，是提高教学质量的重要措施。辅导应有目的地进行，辅导重点在于指导学习方法，提高学生的能力，辅导要启发学生的自觉性，使其乐意参加，辅导时教师要循循善诱，满腔热情。

提问主要是教师通过预先设计的一系列相互联系的问题启发、引导学生经过思考作出正确回答，以师生对话方式围绕课题的重点与难点展开的讨论。提问和解答问题要注意避免机械的一问一答方式，注意双向交流，要做到问题提得好，提出的问题既要使学生能回答上，又不能太过于简单，不加思考就能回答出来。课堂问题主要分为导向性问题（探究性问题）、评价性问题和形成性问题，以及引导学生思考进行的反问、变换问题、

有效追问等。提问时必须选择恰当的时机和对象、以恰当的方式提问，以引起学生注意，真正达到启发思考、培养学生能力的目的。问题提出后，教师还要鼓励学生大胆发言，并善于倾听学生的发言，依学生回答问题的情况进行有效追问。教师必须训练和提高自身的提问艺术，要进行灵活有效的深化、转问、反问、回问等高级提问技术的学习和训练。也不能只满足于少量学生烘托课堂氛围的回答问题，对沉默和边缘的学生要给予关注和适当的提问，并根据学生掌握的问题情况，采取强化和相应补救措施，提高课堂实效。

第二节　高中化学教学的课堂导入与管理

　　课堂教学情境导入是指知识在其中得以存在和应用的环境背景或活动背景，学生所要学习的知识不但存在于其中，而且得以在其中应用，也可能含有社会性的人际交往。教学情境的特点和功能不仅在于可以激发和促进学生的情感活动、认知活动和实践活动，还能提供丰富的学习素材，有效地改善教与学。

　　学习的过程不只是被动接收信息，更是理解、加工信息，主动建构知识的过程，认知需要情感，情感促进认知。适宜的教学情境不但可以提供生动、丰富的学习材料，还可以提供在实践中应用知识的机会，促进知识、技能与体验的连接，让学生理解所学的知识，进一步认识知识的本质，运用知识解决问题，发展能力。只有学习的内容被设置在该知识的社会和自然情境时，才能体会到学习情境的意义。课堂导入艺术的特点主要是针对性、新颖性、启发性和趣味性。针对性是指情境导入要满足学生听课的需要，针对性强；新颖性是指情境导入指向能吸引学生的注意；启发性则是情境导入能启发学生的思维能力；趣味性则是情境导入能激发学生学习的兴趣，提高学习效率。

一、高中化学教学的课堂导入

（一）化学教学的课堂导入方法

　　化学教学的课堂导入点主要有四个方面，从学科与生活的结合点入手，创设情境，如盐的教学情境设计为加工皮蛋的录像；从学科与社会的结合点入手，创设情境，如食盐和纯碱的教学情境设计为西部盐湖开发；利用问题探究创设情境，如溶解度的教学情境设计为食盐与硝酸钠比溶解能力强的对话；利用认知矛盾创设情境，如原电池教学情境设计为教师从意大利科学家通过实验发现来设计情境等。

第一，开门见山与平铺直叙。开门见山式导入，即在上课开始后，教师开门见山地介绍本节课的教学目标和要求、各个部分的教学内容、教学进程等，让学生了解本节课的学习内容或要解决的问题。当学习内容对学生而言是一类新知识或新领域，从学生原有认知结构中不易找到新知识的"生长点"，新知识的学习方法和学习程序又没有适当的范例供借鉴运用时，可选择直接导入法，但此法在化学教学中应该尽量少用或不用。

第二，巧设悬念与引人入胜。悬念式导入，指教师上课伊始，有意设置一些带有启发性的疑问，摆在学生面前，又不直接说出答案，使学生感到"山重水复疑无路"，迫使其去寻求"柳暗花明又一村"，从而进入学习新知识、解决新问题状态的一种导课方式。在化学课的教学中，有相当一部分内容缺乏趣味性，讲起来枯燥，学起来枯燥。对这些章节内容的教学，教师应能有意识地创设悬念，使学生产生一种探究问题奥妙所在的愿望，激发起学生学习化学的兴趣。

第三，温故知新与探求新知。这是一种常用的导入方法，其特点是以复习已经学过或学生日常生活中已经了解的知识为基础，将其发展和深化，引出新的教学内容。复习旧知识的导入方式重在恰到好处地选用与新授课内容关系密切的知识，达到温故知新的目的。

第四，故事吸引与启迪思考。把课讲得生动形象、深入浅出，始终是衡量教师教学艺术水平的标准之一。寓意深刻而又幽默轻松的故事，加之铺陈渲染，绘声绘色的教学语言，是学生喜闻乐见的导课形式。采用故事导入方式应注意故事内容要与新课内容有紧密的联系；故事本身生动有趣，对学生具有启发性；同时讲故事时语言要精练，故事要短小精悍，用时不能过长，一般的故事引入有两三分钟即可。

第五，直观演示与提供形象。直观演示是指教师上课伊始，通过展示图片、动画、影像等直观教具，引起学生对即将讲授内容的关注，然后提出问题，引导学生观察、思考、分析，从而使学生直接进入寻求新知识的一种导课方式。例如，讲授有机物的分子结构时，展示球棍模型和比例模型，让学生从模型认知中建构分子结构，再对模型进行重新组装和定位，让学生从宏观辨析中领悟有机物分子的微观结构及其变化。

第六，创设质疑与实验探究。为了培养学生勇于质疑、乐于发现、勇于创新的精神，突出以人为本的教学理念，在教学时就必须创设质疑情境，把学生"机械接受"过程变为"主动探究"过程。以"SO_2（二氧化硫）的性质"为例，SO_2 可以使红色的酚酞试液、品红试液和紫红色的高锰酸钾溶液分别褪色，很多教师在处理这一部分内容的时候，习惯于告诉学生结论，那就是在三个过程中，SO_2 分别表现了酸性氧化物的性质、漂白性和还原性。

向褪色后的酚酞溶液中加入 NaOH（氢氧化钠）等碱性物质，会看到溶液重新变红，从而证明使红色的酚酞褪色是因为 SO_2 与水反应生成亚硫酸，中和了溶液中的碱性物质；加热褪色后的品红溶液，品红溶液红色复现，证明使品红褪色是 SO_2 表现了漂白性（暂时性漂白）；而向褪色后的高锰酸钾溶液中加入 $BaCl_2$（氯化钡）溶液，可以根据沉淀现象判断 SO_4^{2-}（硫酸根，也可称为硫酸根离子）的存在，证明 SO_2 表现了还原性。这样先以质疑情境引发学生思考，再以实验场景验证学生的思维过程，不仅更加符合现代教学论的要求，对学生的学习效果也必然产生更积极的影响。

（二）化学教学课堂导入的注意事项

化学教学课堂导入时应该注意：第一，课堂情境导入作用的全面性，尽量使设置的内容包含整节课的主要教学内容；第二，课堂导入作用的全程性，尽量使设置的情境贯穿于整节课的全过程；第三，课堂导入作用的发展性，尽量使设置的情境是最新最近发生和发展的内容；第四，课堂导入作用的真实性，尽量使设置的情境真实可靠，不能道听途说，凭空设想；第五，课堂导入作用的可接受性，尽量使设置的情境能让学生接受，设置的情境不能对学生产生负面影响。

总而言之，具有艺术性的课堂导入，在于教师创设的问题情境中的问题恰当、情境生动、引人入胜，并且内容精练，能在短时间内收到良好的教学效果，激起学生的学习动机和兴趣。

二、高中化学教学的课堂管理

课堂管理是保障教学活动达到既定目标、顺利完成教学任务的重要举措。教师在课堂教学中注意通过课堂观察等途径收集学生信息，在充分了解学生的基础上采取有效的管理措施。

（一）课堂观察

课堂观察是调控和管理的基础，是教师为了收集来自学生的信息而进行的觉察学生行为、个性和其他特点的过程。课堂观察可以向教师提供教学反馈信息，使教师能够对教学及时进行调整，还可以使教师增加对学生的了解，有利于进一步做好教学评价和今后的教学工作。

周密的计划是做好课堂观察的关键，教师要确定观察的重点内容，如学生对学习目标的了解、学习态度、学习结果、参与教学活动的积极性、兴趣和爱好、情绪和注意力、人际交往活动、思维品质、创造性、认知能力、表达能力、遵守纪律和规则等都是观察的内容。但每次重点观察的内容不能太多，要结合每节课的具体教学内容有重点地观察，但不能忽视偶发事件，最好对每节课和每项观察内容设计出观察指标。特别注意课堂观察要面向全体学生，可采用时间抽样法进行系统的观察，即按照一定的时间间隔和顺序有计划地轮流对不同的学生进行重点观察，并与全面扫描和搜寻特别现象相结合。还要做好观察记录表，教师要努力排除来自自身的各种干扰，如各种心理现象等，还要排除来自观察现场的各种干扰，对于一时难以弄清和作出判断的现象，可以课后多与学生接触，做进一步了解，以便准确地作出判断和评价。

（二）常规管理

课堂管理的常规内容主要包括以下方面。

1. 空间

空间是教学的制约因素和重要资源，在化学教学的常规管理中必须重视对教学空间的结构设计和管理。由于教室的座位会影响学生的视力、学习成绩和心理健康成长，同样也会影响教学效果。为了促进学生的成长和发展，教师在空间上必须科学地安排学生座位，让不同气质和性格的学生在座位的空间分布上错开搭配，更加有利于组织合作学习，也有利于学生形成比较完善的心理品质。当然，还要定期交换和调整学生座位，可促进学生更好地成长。此外，为了更好地组织探究教学，将传统的纵横矩阵式排列改进为弧线形或 U 形排列，可以减少来自教师上课时的监控压力和影响，克服刻板、不利于学生交往和合作学习的弊端。有条件的学校还应该尽量小班化教学，以便更好地组织和开展探究教学、实验研究和小组合作学习。

2. 时间

时间是学习过程中一个决定性因素。尽管课程计划、课程标准统一规定了各年级化学课程的总学时，但在实际教学中，由于不同的教学和管理方面因素的制约，实际上各个学校的教学时间，特别是有效的教学时间各不相同。成绩优秀的学校由于学生或教师的缺勤、教学中断、学生注意力涣散、学校组织的各种活动等会浪费一小部分的可利用教学时间，而成绩较差的学校更是失去了更多的时间。随意安排教学活动、重复练习、教学定向不清、教学环节衔接和过渡不良、教学进度和速度不当、学生被动学习等都会降低教学时间的有效利用率。因此，教师在教学过程中要做好教学设计，在各个教学环节中设置好时间，并严格管理和利用好教学时间，尽量使课堂高效，在课标规定的时间内向课堂要效益。学校在管理上也要强化时间观念，在正常上课时间内尽量少安排一些大型活动，保障有效的教学时间。

3. 纪律

宽严适度的教学纪律是保证化学课堂教学顺利进行和搞好化学教学的重要条件。在教学过程中，教师要注意辩证地利用好纪律的强制因素、学生自身的自制因素和教师人格魅力的亲和性因素。

（1）建立和谐的师生关系。让学生自觉遵守纪律和维护纪律，尊重学生人格，尊重学生自尊心，不一味地依赖严格的班规和班纪。让学生通过演讲、表演、辩论、比赛等多种形式、多种活动提高其主人翁责任感、集体荣誉感，自觉维护纪律。在此基础上教师要多了解学生，学生父母的文化程度、对教育的认识、家庭成员的不同认识和理解都会影响学生的亲情感、同学情以及与教师的沟通程度。特别是单亲家庭和重男轻女家庭对学生身心都造成了或多或少的影响，多进行换位思考，从不同的角度去了解和感化学生。凡是师生关系和谐的班级，基本上都有良好的课堂纪律。

（2）针对班级的具体情况进行分析和教育。例如，有些班级的学生在上课时，出现问题马上就想讨论，课堂上喧哗不停。此时，就要抓住带头讨论的学生，并进行纪律教育，使学生认识到课堂纪律的重要性，并自觉维护好课堂纪律。

（3）做到纪律管理的条款细致化。对于上课的纪律要明确提出不说话，不在教师没有布置讨论问题时随意讨论，不做与学习无关的事情等。凡是违反了纪律的同学，要受到一定程度上的小惩罚，促使学生认真遵守课堂纪律。

（三）问题处理

问题处理需要注意三个方面。首先，对出现的问题作出准确判断。在课堂教学过程中，常常会遇到各种各样难以预料的问题，其中有些问题如果不及时解决，就会影响教学的顺利进行。其次，善于处理偶发事件。偶发即不分时间、场合的突发事件，对偶发事件的处理既能表现教师的人格魅力，又能表现出教师在学生心目中的形象。教师的语气、语态、体态都会影响对偶发事件的处理。最后，要学会冷处理。对课上发生的一些小事件，教师不要急于处理，更不能急于发表意见，以免作出过敏和过激的反应，可以师生共同冷静思考几分钟，以免影响课堂教学。让学生心里有数，课后再进行处理，或让学生说出事情缘由，分析自身优缺点等，让他们在成长中逐渐形成正确的价值观和人生观。

（四）课堂调控

课堂调控是实现预定教学目的的必要和有效的手段。课堂调控时教师要做到建立期望，让学生了解和接受学习目标和完成学习任务，了解教师的期望，促进学生主动学习。充分利用教学情境激发学习兴趣，并利用兴趣的迁移和发展来进行情感调控。通过学生自评、生生互评和教师评价，使学生及时得到自己学习情况的反馈信息并进行强化，评价时要以表扬和鼓励为主，让学生正确、全面和辩证地认识自己。

教师在课堂调控方面必须做好节奏控制。教学节奏是指某些教学参数在连续的教学过程中，时间分布上连续、交替和重复出现的规律性表现，这些参数主要有教学密度、速度、难度、强度、重点分布以及情绪强烈程度等。因此，在课堂教学中要力争教学过程张弛有度、节奏合理，防止疲劳，提高教学效率。为了建立良好的教学节奏，教师要努力探究、把握好课堂的最佳教学时段，充分利用学生的最佳脑力状态和情绪状态，将短时注意与长时注意有效结合，适时地形成教学高潮，并要注意教师和学生活动的及时与适度的变化，以确保课堂教学的高效。

与此同时，对课堂上出现的问题要有灵活、果断与恰当的反应，并做到发现问题及时调控。在正常的教学过程中，遇到学生上课睡觉、玩手机，甚至吵闹和打架等问题时，教师就要及时地调控课堂。当学生学习积极性不高，参与程度降低，缺乏动力时，教师的调控方式就是调整教学方案，针对学生的兴趣，增加或调整学习活动任务；当学生上课疲劳和无精打采时，就要变换学习活动方式或进行内容调控；当学生注意力分散或受到干扰时，教师要掌握注意力分散的合理性，重在进行引导，给予适当和短暂的应激释放机会，通过让学生回忆被中断的学习活动，引导并提醒学生进入教学过程。

第三节　微课在高中化学课堂教学中的有效运用

化学属于实践性学科，通过微课，能有效融合知识与实验，在化学教学中，微课起到较大的作用。微课的应用，存在一定的技巧性，不局限于对教学短片的播放，有效融合教学与微课是非常重要的。"认真制作微课，在适当时机有效展示微课，并注重课后分享，以此达到良好的教学效果。"[1]

一、微课课前制作在高中化学课堂教学中的有效运用

第一，精心设计主题。在高中化学教学中，如何应用微课，须结合教学目标来设计富有趣味的主题，以便能充分发挥微课的作用。例如，在向学生讲授元素知识时，因为不同元素的特征存在不同，学生对其不易记忆，且难以理解元素知识，教师可设计一个"元素大家庭"的主题，借助微课，以动画的形式，将元素特征充分展现出来，如惰性元素。基

① 张玉凤.微课在高中化学课堂教学中的有效运用 [J].新课程教学（电子版），2021（11）：154.

于此教学主题，把元素情况表现得淋漓尽致，帮助学生记忆。通过这样的主题设计，能有效完成教学目标，在对主题进行设计时，教师要多投入精力、多花心思，以保障微课的质量。

第二，教学内容要贴近需要。在化学课堂教学中，教师会向学生讲授较多的知识，但实际上，不是全部的知识都适用于微课形式。教师在对微课进行设计时，选择的内容应符合教学需求。部分需要学生进行记忆的知识，不适用于微课教学形式，在此情况下，教师可借助其他形式，将知识传授给学生。与微课形式相适应的内容，可借助微课形式，向学生进行传授。

第三，微课形式要多样。微课的成功和微课的多样性息息相关，可将图形声像视为微课材料。教师在制作微课的过程中，可借助各种形式，充分体现教学内容。有效结合不同的形式，如视频与动画形式，使课件更加生动有趣，调动学生的学习积极性。例如，不同元素的特点，教师可将元素视为动画形象，以故事的形式将元素特性体现出来，以视频的形式向学生展示化学反应，有效融合这些形式，通过使用微课，能达到良好的教学效果。

第四，微课时长要适当。制作微课需重视微课时长，一般情况下以 5 分钟为宜。众所周知，一节课共有 45 分钟，就微课的应用而言，其并不属于主体环节，而属于穿插环节，在展示知识点时，时长不可太长，也不可太短，展示的时长过短，不利于学生掌握知识；展示的时长过长，又可能会造成学生产生疲惫感。对制作微课，教师要能讲清楚知识点，同时微课时长要适当。针对全部的微课内容，都应是利于教学的，要留下核心内容，以提高微课的具体效果。

二、微课课堂展示在高中化学课堂教学中的有效运用

第一，课程导入时展示。在导入新课程时，学生往往难以理解新知识。化学有一定抽象性，教师在向学生讲解知识时，若仅采取口头形式，学生可能无法充分理解。所以，教师在导入新课程时，可借助微课形式，以生动形象的方式，向学生传授新的知识，这样便于学生理解。此外，微课形式具备一定的活泼性，向学生展示新的内容，助于调动学生的主动性，让其投入更多的精力学习，激发学生的学习热情。

第二，重点讲解时展示。对重难点知识的讲解，微课是一种有效的手段，可对难点进行分解，加以强调重点知识。借助微课形式，利于学生掌握好知识点，进而确保课堂教学质量。在教学过程中，对较为重要的知识点，教师需向学生多次强调，在这样的情况下，极有可能导致学生产生厌烦心理，进而有碍于接受新知识。对微课形式而言，其有着一定的生动性，利于集中学生的注意力，加深学生对知识的印象，引导学生记忆知识。针对部分难点内容，因为化学的抽象性，难以保证教师讲好难点内容。借助微课形式，教师可通

过一系列的形式，如视频形式，向学生展示抽象的东西，帮助学生加深对知识的理解。

第三，知识延伸时展示。在化学课堂教学中，教师传授的知识不能局限于课本知识，往往需针对课本知识，进行一定的拓展，通过微课形式，有助于对知识进行拓展。课本中不存在的知识，教师在向学生进行讲授时，往往难以表达清楚，采用微课形式，能解决好这一问题。在知识延伸方面，借助微课形式，助于拓宽学生的知识面。例如，在讲解著名科学家的经历时，教师以微课的形式将科学家的视频展现给学生，培养学生的探索精神，激发学生的兴趣，以便学生学好化学知识。

第四，化学实验时展示。教师在向学生演示实验时，因为受到教室的限制，后排学生有可能看不清，在这样的情况下，教学效果势必会有影响。在教室中，教师可借助微课形式，向学生展示实验过程，同时结合各种形式，如慢动作，让学生看清实验细节，进而帮助学生有效完成实验。对部分化学实验而言，其存在一定的危险性，不宜向学生进行展示，在这样的情况下，教师可采用微课形式，向学生展示实验结果，让学生牢记会发生的危险，在进行化学实验时，坚决避免危险发生。

第五，深度讲解时展示。微课课堂的展示，和教师的讲解息息相关。采用微课形式进行教学，并不是彻底地把课堂交给微课。微课形式有着一定的直观性，能有效展示抽象的知识点。逻辑性知识通过微课形式，展示的效果并不理想。在这样的情况下，教师需要使用微课，向学生讲解知识点，梳理学生的思路，以便更好地了解逻辑性知识。此外，在播放微课时，学生往往被其形式所吸引，获得的知识以及能力的提升却尤显不足。所以，针对核心知识，教师应多次强调，借助教师的讲解，让学生更好地掌握核心知识。

三、微课课后分享在高中化学课堂教学中的有效运用

第一，网络分享。微课属于学习材料，是教师投入了大量精力制作而成的，可对学生的学习起到较大的促进作用。从另一个角度看，微课属于电子媒介，就是为了利于传播及复制，所以，在采用微课形式时，教师不但要向学生展示好内容，也要注意课后分享。在实际课堂教学时，教师可采用大屏幕的形式，向学生展示课件内容，这样能获得良好的展示效果。在完成课程学习后，教师要鼓励学生复制微课，以便课后能自主学习，同时可通过一系列渠道来分享课件，如微信群，由此学生在学习时，便不会受空间及时间的限制，促使微课的作用得到充分发挥。

第二，教学讨论。微课属于新的教学形式，在发展微课的过程中，需要教师不断进行完善。对教师而言，要积极学习微课知识，并不断完善微课知识。所以，在应用微课时，教师可引导学生开展课后讨论，同时也可和其他教师进行交流，分享并分析教学技巧。例

如，在制作微课时，或者针对学生难以理解的地方，教师可引导学生展开讨论，对微课好的地方，鼓励学生提出来，对不易接受的地方，也要提出来。通过征求学生的意见，教师可充分了解学生的兴趣点，以便对微课进行改进，结合学生的实际需求，制作更有效的微课，以达到良好的教学效果。

　　综上所述，在高中化学课堂教学中，对微课的应用，需结合教学目标来设计富有趣味性的主题，以便能充分发挥微课的作用；对微课课件的制作，需重视课件的时长，一般情况下，以5分钟为宜；在导入新课程时，可借助微课形式，以生动形象的方式，向学生传授新的知识，便于学生进行理解；在知识延伸方面，借助微课形式，助于拓宽学生的知识面；在课堂上，可借助微课形式，向学生展示实验过程，同时结合其他形式，让学生看清实验的细节，帮助学生完成实验。

第三章 微课在高中化学教学设计中的应用

第一节 高中化学教学的目标及设计

一、高中化学教学的目标体系

（一）化学教学目标的制定

教育目标分类理论从设计教学和评价教学的角度，提出了将教学活动的目标分为三个领域：认知领域的教学目标、情感领域的教学目标和动作、技能领域的教学目标。教育目标分类理论，在包括我国在内的世界众多国家中被广泛应用，也是当前我国进行目标设计的重要的理论依据。

1. 化学教学目标的制定

教师教学活动的核心是明确教学目标，只有明确了教学目标才能明确课堂的方向，才能直观地判断教学的效果。另外，如果没有管理和评价实际的教学课堂，那么也就不存在指导意义。规范化的教学目标的因素包括行为动词、行为主体、表现程度和行为条件。

行为动词在教学目标中的表现必须是可评价的、具体的、可测量的。例如，教师在设计学习《元素周期表》课的课堂教学目标时，写的教学目标是"培养学生的辩证唯物主义思想和提高学生的能力"。这样的编写主体不对，并且没有具体的行为动词判断学生的思想和能力有多少提高。

行为主体始终都是学生。因为学生是学习的主体，只有通过学生的学习程度才能判断教学效果的好坏，并不是通过教师任务完成程度来判断。有一部分不规范的写法——"拓宽学生知识面""加强学生自主意识"等，依旧将教师作为教学的行为目标主体，强调教师如何实现学习效益，而不是把重点放在学生身上。

表现程度是用来测量和评价学生学习表现或结果最终达到的程度，是学生学习之后预计能够达到的最低表现水平，目标的确立不应该设置不切实际的要求，目标表述的教学标准是基本的、共同的、可达到的，要达到的程度也应该是基本的、共同的、可达到的。

行为条件是评价教学效果的参考依据，是指影响学生形成学习结果所需要的特定条件或范围。例如，在一定的时间内，完成一些容易的酸碱溶液 pH 计算题；通过特定的化学环境判断是如何发生化学反应的等。

2. 化学课时教学目标的制定

化学的课时教学目标具体作用到每一堂课。课时目标就是将教学内容分单元地进行分解和设计。教学的每一部分内容都是有具体教学标准的，这也是由课时目标设定的。课时目标是教师教学目标设计过程中的重点，是用来明确教学核心内容、教学水平和基本过程的。

在具体的教学设计中，教学目标的维度和核心线索非常重要，要与课程的具体目标、单元目标以及学习阶段保持一致；另外，与单元目标相比，课堂教学的设计更加明确和具体，这样会使得教学设计中的"情感态度和价值观"更具活力。除此之外，还需要加强对活动信息和活动过程的反映，从而让学生能够更准确地根据自身的学习水平进行有效的学习。

（1）课堂具体教学目标的设计依据是内容标准。《普通高中化学课程标准（实验）》规定教学的内容标准是学习课程要达到的最基本教学要求，在教学内容的标准中，必须包含"知识与技能""过程与方法""情感态度与价值观"。在实际操作的过程中，在以内容标准作为基本要求的同时，应该使实际的操作内容更丰富化，例如，在探索"氮的循环"这一课的教学内容时，其内容的标准是"在实验中了解氮和氮的化合物的主要特性，并认识其产生的应用和影响生态环境的程度"。过程与方法，可以设置为"通过查阅资料和讨论：如何采取措施减少氮氧化合物在大气中的排放""讨论：氮循环如何在自然界维持生态平衡"。

（2）在确定"知识与技能"目标时，要把握好所处位置及其与前后内容之间的关系。概念是分阶段形成的，知识和技能是有发展性的，具体的化学元素知识和理论知识之间是相互联系的，实验的技能发展由低到高。当确定好具体的教学目标时，应该把握好知识和技能所处的具体课程位置，与前后内容巧妙衔接，由此更加明确课堂的知识与技能目标。

（3）"过程与方法"目标的确定，需要充分考虑学生的科学探究能力达到的阶段。不同的发展阶段，所展现出的探索能力也不同，通过不断增加科学体验，学生探究科学的能力也会不断增强，能够帮助学生树立问题意识和提高实验能力。

（4）"情感态度与价值观"目标的确定，需要把握好内容的深浅程度。当学生还处于初级探索阶段时，需要学生加强实际操作的技能，如果只是简单地让学生自己完成实验的探究是没有太大实际效果的。所以，在设置情感态度与价值观目标时，应该着重保持和增强学生探索的渴望。例如，在实验探究氮、铵盐、硝酸的性质时，引导学生体验科学探究的基本过程，然后根据实验现象提出问题，再进行讨论、分析、判断、推理和总结，让学生能够真正融入其中，体验实验探究和获取知识的快乐。

（5）反思和调整具体的课堂教学目标设计。在设计课堂教学目标时，教师的教学过程设计和学生的学习过程设计是在前面的，这就导致教学目标的设计变得更加主观和意识流，也正是因为课前并没有实际展现教学目标，所以在教学实践的过程中，教师通过察觉教学反映判断教学目标的适应度，进而对教学偏差进行调整，使教师的教学目标和实际课堂更加贴合。

（二）化学教学目标的功能

1. 化学教学目标的指向功能

化学教学目标是化学教学活动的预期结果，它指引着化学教学活动的方向，规定着化学教学活动的进程，在一定意义上，其制约着化学教学设计的方向。如果缺乏清晰的教学目标，化学教学将会失去方向。化学教学目标定向功能的发挥，可以保证化学教学目标的顺利实现。一般而言，若化学教学目标指向正确，则可取得正向教学效果；化学教学目标指向错误，则只能取得负向教学效果。因此，教师应该把确定正确、合理的教学目标作为教学设计的首要环节。

2. 化学教学目标的依据功能

化学教学目标可以为分析化学教材及设计教学行为提供依据。化学教师一方面根据教育和教学的一般目的确定化学学科中各单元和各课时的教学目标，另一方面又根据这些教学目标设计化学教学活动。化学教学目标不仅制约着化学教学设计的方针，而且决定着化学教学的具体步骤、方法和组织形式。因此，它不仅是化学教学活动的科学性、整体性和连贯性的重要依据，也是化学教师对化学教学活动全过程进行自觉控制的重要依据。

3. 化学教学目标的激励功能

公布化学教学目标，可以激励学生学习化学的积极性。化学教学目标是激发学生学习化学动机的诱因，在化学教学开始前，就向学生明确地展示具体的化学教学目标，能激发学生对学习新内容的期待和达到学习目标的渴望，从而调动学生学习化学的积极性和主动性。当学生充分了解了他们预期所要取得的学习成果时，他们就会明确成就的性质，进行目标清晰的成就活动，把自己的行为结果作为成就归因，并最终取得认知、自我提高或获得赞许的喜悦，使教学目标发挥出应有的激励功能。但化学目标激励功能的发挥，也取决于其价值是否被学生认同，以及其难易程度是否适中。因此，化学教师编制和展示化学教学目标时要尽量注意二者兼顾，以保证化学教学目标发挥出激励学生学习的最大功能。

4. 化学教学目标的描述功能

化学教学目标通过描述学生具体的行为表现，为化学教学评价提供科学的参照。传统的化学教学大纲所提出的化学教学目标往往含糊其词，使化学教师无法准确地把握客观、具体的评价标准，作出评价选择的随意性很大，教学中关于能力和个性特征等高层次的目标既无法落实更无法评价。因此，在化学学科各单元和各课时的教学中，需要充分发挥化学教学目标的描述功能，全面、具体和形象地描述学生的行为表现，以保障化学教学有章可循、测评有信度、效度及试题有难度和区分度，使化学教学评价有科学的参照。

5. 化学教学目标的评价功能

化学教师编制的化学教学目标，既是化学教学活动的指南，也是测评化学教学效果的尺度。化学教学效果的检测和评价，是围绕化学教学目标展开的。教学双方在化学教学中是否发挥了应有的作用，教学效果是否达到或在何种程度上达到了既定目标，都是化学教学评价所关注的主要内容。当然，化学教学目标只有确定得比较合理，才能减少其评价的偏差，使测评的信度、效度和区分度都较高。化学教学目标评价功能的发挥，一方面为化学教学效果的检测和评价提供了尺度，另一方面也为化学教学目标的编制和修订作出了反馈。在化学教学过程中，化学教师应根据教学评价的结果不断地调整教学的方式方法，有了明确的化学教学目标就可以以此为标准，在化学教学过程中充分发挥评价和反馈的作用，从而提高化学教学质量。

二、高中化学教学目标设计的方法

（一）注重现代教学理论的学习

对于化学教师而言，即使掌握了多媒体的基本知识和教学软件的设计与制作，如果没有现代教学理论为支柱，那么提高教学效率仍然存在问题。因此，分析教学理论的基本概念和行为主义学习理论、认知学习理论和人本主义学习理论等，在教学中具有指导意义。

（二）强化学生的探索性实验

20世纪中叶，在世界范围内，发起了一场关于提高理科教学质量的现代化教育运动，这次运动迅速发展了实验探索的思想，该思想强调学生学习的自主性，强调在学习的过程中可以自主选择和掌握所学学科的学习方法，并且探索性地对学科概念进行探究和学习，这种教学思想注重自主性和探究性，力求通过观察和实验达到教学目的，并且强调掌握科学概念、形成探索能力和培养科学态度，将观察和实验作为掌握科学知识的重要探索方法，这与今天我们所倡导的素质教育思想是一致的。

（三）鼓励学生积极思考

化学课堂教学的设计，需要教师不断创新情境创设，设置好矛盾情境，然后引导学生发现矛盾、分析矛盾、解决矛盾，让学生始终保持探索的学习积极性，进而准确地掌握和运用知识体系，让学生在不断探索中，学会接受和运用知识，从而激发学生的学习积极性。

（四）调动师生学习积极性

在课堂教学设计中，化学教师要调动一切可以调动的因素，从而营造温馨、平等、和谐的教学氛围。通过氛围的营造充分调动学生的学习积极性和主动性，不断增强他们的探索能力和解决问题的能力。当一堂课程的氛围很沉闷，学生只会感到压抑，这时，学生就会失去主动思考和质疑的可能性，进而影响学生能力的发展。学生具有差异性和发展性，当学生提出简单的问题时，作为一名教师，应该鼓励大胆提问的学生，正确引导他们进行更深层次的思考，进而不断培养他们的思辨能力。

第二节 高中化学教学中的过程优化设计

一、高中化学课堂教学的优化设计

高中化学课堂教学优化设计是化学教师为有效地完成课堂教学任务而进行的教学规划，主要包括：化学课堂教学目标的优化设计、化学教学活动的优化设计、化学教学策略的优化设计、化学教学实验的优化设计、化学教学媒体的优化设计等。

按照教学设计的定义，化学课堂教学优化设计应该是以教学论、教育心理学和传播学理论为基础，用系统科学的观点和方法，来分析化学课堂教学任务，确定化学课堂教学目标，选择化学教学活动、化学教学策略、化学教学媒体以及评价化学教学结果的方法等。因此，化学课堂教学设计主要体现在化学课堂教学目标、教学活动、教学策略、教学媒体和教学评价等对象的选取上。由于化学课堂教学是化学教学最基本的形式，故化学教师要针对化学课堂教学设计的主要对象，精心设计课堂教学的每个环节，以便获得最佳的教学效果。

化学课堂教学优化设计的过程，是化学教师以系统科学的观点和方法为依据，在研究学生身心以及相关理论基础上，根据化学课堂教学的目的和要求，确定具体的教学活动、相应的教学策略，选择需要的教学资源，安排教学程序和方法，按照教学内容选择教学媒体、有效地传递和转换教学信息，通过反馈调节，评价教学效果等一系列的教学环节，使化学课堂教学效果达到最优化。化学课堂教学优化设计是化学教师为达到预期的化学教学目标而对教学活动进行系统规划、安排、决策的过程，是优化课堂教学程序、提高课堂教学效率、落实素质教育的重要环节。

（一）化学课堂教学优化设计的目标

化学课堂教学目标是指课堂教学活动为学生预先确定的、在具体教学活动中所要达到的课堂教学结果。化学课堂教学目标主要是指化学单元目标和课时目标，这些教学目标要求以学生通过教学后应该表现出来的可见行为来描述。因此，化学课堂教学目标也称化学课堂教学行为目标。

化学课堂教学目标，是整个化学课堂教学活动的指导思想、出发点和归宿，也是检查和评价课堂教学效果的依据。化学课堂教学效果的优劣，是通过化学教学结果与化学教学目标的比较来进行鉴别的。化学课堂教学目标与教学目的的区别在于：教学目标不仅是教学过程结束时所要达到的结果，或教学活动预期达到的结果，而且具有学生行为上的可见性和可测性，教学目标比教学目的更具体、更实际。

1. 化学课堂教学目标优化设计的要求

由于化学课堂教学目标是保证化学教学活动取得成功的、必不可少的环节，故在进行化学课堂教学目标优化设计时，要使所制定的教学目标明确而又切实可行，应该注意以下方面。

（1）用可观察的具体行为表述教学目标。化学课堂教学优化设计中的教学目标要做到明确、详细，应该采用可观察的具体行为来表述教学目标。一般而言，好的化学课堂教学目标要包括三个方面的内容：有确定的、可以作为成绩证据的行为表述；有确定行为的必要条件的表述；有确定行为合格的标准表述。

（2）使教学目标具有一定的层次和分类。按照现代教育理论的观点，教学目标应有认知、动作技能和情感三个大的分类。认知领域的教学目标应有感知、理解和掌握三个大的层次，我国的课程目标则包括"知识与技能""过程与方法""情感态度与价值观"三个方面，同时，应具有远期的学习目标，否则，学习就会缺乏统一的指导、努力的方向和持久的动力。但是，只有远期目标还不够，还必须有力所能及的中期目标。此外，还应具有可操作性的近期目标，因为没有近期目标，中期目标、远期目标就会失去依托。

（3）充分考虑教学目标实现的可能性。学习的目标能否发挥应有的作用，还要考虑目标的难易度是否适当。只有学习目标的高低、难易适度适当，才能对学习者起到激励和导向作用。

（4）把教学目标的优化设计和教学评价联系起来。教学目标确立后并不意味着就固定不变了，可根据教学评价的实际情况灵活调整。因为学习活动是一个动态过程，在学习过程中，当学习者感到难易度适当，掌握情况较好，取得成功时，会产生愉悦的情绪体验和较高的自我效能感，对自己的学习能力充满信心，能够精神饱满、积极主动地克服各种困难，圆满地实现既定目标。这证明制定的目标是科学的，应该一直坚持下去。而当学习失败的时候，学习者就会感到困惑、焦虑，自我效能感降低，学习无力感增强，从而以消极、被动的方式对待学习。这表明现有的学习目标是不适当的，应及时修正或调整。

2. 化学课堂教学目标优化设计的步骤

化学课堂教学目标优化设计应该考虑到顺序性和整体性，大致遵循以下几个设计步骤。

（1）钻研课程标准，分析教材内容。化学课程标准是以纲要形式编定的有关化学教学内容以及进程的指导性文件，它规定化学教学目的、教学任务、教学内容的知识范围、教学时间分配以及教学方法上的要求；化学教材是化学课程标准的具体贯彻和体现，是教师进行教学的根据。

化学课堂教学目标的优化设计必须立足于对标准的认真钻研，分析教材要求在课程标准的指导下，深刻领会教材内容科学性、系统性、思想性和化学思维方式，做到从整体上把握化学课程的基本结构，厘清化学知识体系。对于课堂教学内容必须彻底理解和消化，如对教材中出现的用语、符号以及插图、实验、习题等都必须认真研究和推敲。通过重点分析、研究和处理将要采用的教学内容，找出其中的基本概念、基本原理和基本方法，制定出教学的重点和难点，为建立化学课堂教学目标奠定良好的基础。

（2）了解学生已有的学习状态。化学课堂教学是以学生为主体的一个过程，掌握化学知识的过程是学生主体的智力活动过程。学生认知水平的提高不仅要借助于他们已有的化学知识体系，而且要借助于他们正确的思维方式方法。教学目标的制定要以学生的特点和已有的学习准备为基础，教给学生不懂或还不够懂的东西。学生已经具备的学习基础，是教学目标确定必须考虑的前提条件。只有充分了解学生的知识水平、能力大小、智力高低、思维特点、学习态度、学习方法和兴趣爱好等，才能根据学生的实际情况进行分析，通过掌握的教学深度、广度和难度，灵活地组织教材，选择恰当的教学方法，充分调动起学生的学习积极性。

当然，化学课堂教学目标不仅应该建立在学生已有的学习准备的基础上，而且应该建立在经过适当的努力能够达到的目标基础上。对于群体的教学而言，学生普遍具有的学习准备和一些共同心理特征是在确定化学教学目标时应考虑的主要方面。同时，化学课堂教学目标优化设计应充分考虑到学生的个别差异，制定相应的发展目标，使每个学生都得到充分发展。

（3）分类制定教学目标。在深刻领会课程标准、教材内容和了解学生实际基础上，为使化学课堂教学目标在实际制定时具有可操作性，还应该对教学目标进行适当的分类。从不同角度和标准出发，我们可以对化学课堂教学目标进行不同的归类。先要列出各类综合型目标，如培养学生对化学学科的兴趣，提高学生观察化学实验的能力等。综合型目标反映了对教学的一般要求，但往往比较笼统，难以实际执行、直接观察和测评。

因此，在列出综合型目标后，还必须对它们进一步分解，使之成为可操作、可评价的具体行为目标，利用能够引起具体行为的术语，列出一系列能够反映具体学习结果的教学目标，解释每个综合型目标。当然，这些具体的行为目标是可以实际执行、直接观察和测评的，它们具体表达了化学课堂教学目标的要求。但注意这些教学目标的切实可行，不能降低课程标准规定的要求。实施目标分类的主要目的是提高目标在教学中的清晰度和可操作性，有利于教师更好地依据目标指导教学和评价教学。

（二）化学课堂教学优化设计的要求

1. 充分了解教学现状

化学课堂教学起点的选择是很重要的，它直接关系到化学课堂教学效果的优劣，而恰当的课堂教学起点的确定有赖于对化学教学现状的充分了解。化学教学现状包括：学生的认知水平状况、学习态度和背景知识状况；教材内容深浅、范围状况；可以参照的教育心理学和传播理论的状况等。只有认真分析、了解学生的情况，掌握他们在化学方面的一般特征和初始能力，把握化学教材内容的难易、质量和数量以及相应的教育心理学及传播理论的基本原理，才能做到心中有数、因材施教，这些是做好化学课堂教学优化设计的基础。

2. 适度确定教学目标

化学课堂教学目标是师生通过教与学的活动，所需要实现的学生行为的变化（涉及认知、技能、情感、态度、品格等各方面），这种行为变化以教学完成时学生应达到的学习水平为标志。通常，化学课堂教学目标可以用课堂教学活动中的可观察、可测定的行为术语精确地表达出来，要指明学习者应该掌握哪些知识和技能，培养何种态度和情感。

同时，也要尽可能地表明学习者内部心理的变化。由于化学课堂教学目标是化学课堂教学的出发点和归宿，因此，化学教学目标的优化设计，是完成整个化学课堂教学设计的重要任务。在确立化学课堂教学目标时，既要考虑到课堂教学的需要，又要考虑到实际实现的可能；既要考虑到近期要求，又要考虑到长远要求；同时，还要注意到目标的层次性和阶段性。只有适度确定出的化学课堂教学目标，才能使其切合教学双方的实际，真正起到对化学课堂教学的定向、激励和评价的作用。

3. 有效安排教学过程

化学课堂教学过程是为达到化学课堂教学优化设计目标所采用的各种教学手段与途径的配合与展开。安排化学教学过程是在针对特定的化学课堂教学目标所采用的教学活动、教学策略以及教学媒体等的选择与使用上的总体考虑。化学课堂教学过程的安排，要兼顾控制和协调、教和学两方面的各种因素，因而它有全局性、联系性和动态性的特点。

在化学课堂教学过程中，任何一个环节出现问题，必将影响化学课堂教学的整体效果。因此，在安排化学课堂教学过程时，教师既要能审时度势，把握全局，又要能灵活方便，统筹规划，照顾个别，自始至终贯彻"教为学服务"的思想，最大限度地调动学生参与的积极性、思维的积极性和学习的主动性，取得最佳教学效果。

4. 及时运用反馈信息

在化学课堂教学过程中，师生之间的相互作用、相互影响和相互制约，发生在教与学的活动交往中，也就是化学信息的传输和反馈控制之中。因为化学信息（知识）通常以静态形式存储，教师只有通过一定的教学手段，把信息转换成传输状态，才能为学生所接收，只有随着化学教学进程的反馈控制及随时调整的不断进行，才能使化学课堂教学达到预期的教学目标。

既然化学课堂教学的功能是通过化学信息的传输和反馈控制来实现的，化学教师就应该及时利用反馈信息形成化学课堂教学评价、完成对化学课堂教学的正确调控，这是化学课堂教学优化设计的基本要求。关于教学评价设计的各种形式包括诊断性评价、形成性评价、终结性评价的设计，都应该为了解化学课堂教学目标是否达到、达到程度如何而服务，并作为随时调整化学课堂教学的依据。

（三）化学课堂教学优化设计的原则

1. 化学课堂教学优化设计原则的依据

化学课堂教学优化设计的原则，是进行化学课堂教学优化设计所依据的准则。要确立正确的课堂教学原则，必须认真探求这一原则确立的依据：只有真正把握确立课堂教学优化设计原则的本质依据、理论依据和指向依据，才能在全面、系统的课堂教学优化设计中找到正确的方向。

（1）化学课堂教学优化设计原则确立的本质依据。探究化学课堂教学优化设计原则，应先明确这一原则具有的本质规定性。化学课堂教学优化设计原则是反映化学教学设计规律、指导化学教学设计活动的法则和标准。这种本质的规定性确定了化学课堂教学优化设计原则建立的原始动因，是要将围绕化学课堂教学设计的一切活动，都规范在以化学课堂教学能够有效进行为中心的范畴之中。

（2）化学课堂教学优化设计原则确立的理论依据。化学课堂教学设计所依据的理论，是系统科学和教育心理学在教学领域中的具体应用。因此，确立课堂教学优化设计原则，必须遵循系统科学和教育心理学的基本原理和方法。课堂教学优化设计本身就是一个完整的系统，作为其本质的课堂教学设计原则，应该反映教学优化设计系统的整体性这一显著特点，只有反映这一特点并且遵循教育心理学规律的原则，才会对教学设计产生普遍的指导意义。

（3）化学课堂教学优化设计原则确立的指向依据。按照事物存在的客观性和联系性，要正确地确立化学课堂教学优化设计原则，应该把握其适用对象及范围，这样所确立的原则才会有明确的指向。化学课堂教学优化设计的原则是在化学课堂教学优化设计的实践中应运而生的，从而成为化学课堂教学优化设计的准则和依据。

因此，能够针对课堂教学的对象和范围进行化学课堂教学优化设计实践，是构成化学课堂教学优化设计原则的重要依据。由此可见，化学课堂教学设计原则既适用于化学课堂教学的整体优化设计，同时也适用于其整体设计中的分优化设计，对化学课堂教学设计各基本要素都具有指导作用，并且对各要素相互关系也具有规范和协调功能，始终能把多种要素结合成一个有机的整体。

2. 化学课堂教学优化设计应遵循的原则

为了保证化学课堂教学优化设计的系统性、科学性和一致性，既遵循化学课堂教学的规律，又符合学生的学习特点，化学课堂教学优化设计应遵循下列原则。

（1）目标性与可行性相统一的原则。由于化学课堂教学优化设计是在教师熟悉化学教学大纲、把握化学教材内容及各个知识点的基础上，得出的化学课堂教学的具体目标要求，所以每堂化学课的教学活动，都应该围绕所设计的化学课堂教学目标而开展，以便完成化学课堂教学任务。课堂教学目标，不仅要考虑知识、能力达到的程度，还要加强思想品德的教育和非智力因素的培养，努力使学生在知识、能力、思想、心理等各方面都得到全面协调的发展。然而，化学课堂教学优化设计，是依据有关教学理论对化学教学实践所做的规划，这种规划要成为现实，至少必须具备以下两个可行性条件。

第一，要符合主客观条件，如主观条件应考虑学生的年龄特点、认知水平、知识结构和师资水平，客观条件应考虑教学设备、地区差异等诸因素；第二，要具有操作性。只有当这两个基本条件都具备，化学课堂教学优化设计方案的实施才能达到预期目的，使课堂教学优化设计对教师和学生而言，都是行之有效的。因此，化学课堂教学优化设计要遵循目标性和可行性相统一的原则。

（2）系统性与针对性相结合的原则。化学课堂教学优化设计是一项系统工程，它由化学课堂教学目标优化设计、教学活动优化设计、教学策略优化设计、教学媒体优化设计和教学评价优化设计等子系统所组成，各子系统既相对独立，又相互制约，共同组成一个有机的整体。此外，各个子系统的功能并不是等价的，其中教学目标优化设计就制约其他子系统的作用，因为，确立适当的教学目标在整个教学优化设计系统中起着"纲举目张"的功效。因此，这些优化设计应立足于整体，使每个子系统协调存在于整个教学优化设计系统中，以便最终达到课堂教学系统的整体优化。进行化学课堂教学优化设计，应遵循系统论的观点，统筹兼顾各个子系统，只有将各个子系统和谐地统一在总体之中，才能算是成功的设计。

（3）整体性与集中性相协调的原则。化学课堂教学优化设计应注意的整体性表明化学教师应把握化学知识结构体系，认真分析每节课中的知识在整个知识体系中的地位和作用，尽量使知识结构整体呈现，而化学课堂教学优化设计应注意的集中性则表明：课堂教学的时限性和教学信息的多维性，要求教学内容要集中，教师在钻研教材的基础上，还要把握教学内容中重点的、主要的、本质的东西，把有限的教学时间集中在最核心的教学任务上。这就要求化学教师在优化设计化学课堂教学时，既要照顾到知识传授和能力培养在空间上的整体性，又要照顾到它们在时间上的集中性，协调好整体性和集中性之间的关系。

（4）理论性与实践性相依存的原则。化学课堂教学优化设计要以先进的、科学的和可靠的教育心理理论、传播科学理论为基础，制定出切实可行的操作步骤和实践方案。没有先进的、科学的和可靠的教育心理理论和传播科学理论来规范化学课堂教学实践，很难达到提高化学课堂的教学质量的目的。由此可见，化学课堂教学设计的理论性和实践性是相互依存的，在实施过程中，应该做到在理论性和实践性两方面同时兼顾。

（5）主体性与主导性相一致的原则。化学课堂教学优化设计应始终坚持以学生为主体，以教师为主导的思想，还要体现出教师对学生思想的启发性。教师要以学生为学习的主体，始终把启发思想贯穿于教学优化设计的整个过程，要求学生独立思考，提高学生分析问题和解决问题的能力。表现在学法优化设计上，要体现出教师对学生学习的指导性。教师不仅要把学生当作教育对象，还要当作研究对象，研究学生的学习规律，指导学生掌握化学课堂教学所传递的信息的方法，掌握预习、听课、笔记、作业、总结学习过程等方法以及掌握自我心理调节方法等。

（6）传统教学手段与现代教学手段相结合的原则。传统化学课堂教学手段与现代化学课堂教学手段相结合是指两种手段的优化组合。例如，利用黑板这一传统教学手段精心设计的板书，其本身就是课堂教学的纲要以及轮廓，它能突出教材的重点、难点和关键，帮助学生厘清教材的脉络，打开学生思路，而且便于学生记笔记，为课后复习提供条件；而采用投影这一现代教学手段作为教学演示，在揭示和阐明教学中的重点和难点方面，为教师和学生提供了更加充裕的时间，便于教师讲解、学生观察和分析思考；录像这一现代教学手段，则以其声形并茂的特点，将所讲的对象，在大与小、快与慢、虚与实之间互相转化，使教学内容涉及的事物、现象、过程全部再现于课堂；至于多媒体教学手段的应用，其突出优点则更是不言而喻。

（7）适时、适度评价与反馈的原则。化学课堂教学所设计的优化评价要做到适时是指要把握好优化评价的时机。例如，诊断性评价，一般安排在课堂教学前进行，借助上节课形成性评价和终结性评价的结果，使教学优化设计方案更加趋于合理和恰当；形成性评价一般在课堂教学中进行；终结性评价一般在课堂教学后进行。

化学课堂教学优化设计的评价要做到适度是指要把握好评价的分寸。因为学生之间的个性差异是客观存在的，他们的知识基础、认识能力、意识倾向、兴趣爱好、学习态度都不尽相同，教师应根据学生不同的情况确定不同层次的评价标准，对涉及教学目标的各个领域和层次进行评价。这可以由教师、学生共同来实施，通过目标测试题、作业练习、谈话或者提问来考查。

二、高中化学教学活动的优化设计

（一）化学教学活动优化设计的要求

化学教学活动是化学教师传授化学知识与学生接受化学知识两方面活动的总称，它包括教师的施教活动、学生的学习活动和师生构建课堂人际关系的活动等。化学教学活动是教师进行教学的科学和艺术创造的具体过程，是学生知识结构和心理结构的构建过程，是化学教学优化设计的关键环节，关系着化学教学目标能否实现、教学任务能否完成以及两者实现和完成的程度、质量和效率。

化学教学活动优化设计是依据化学教学目标及化学教材内容构建新的化学知识和心理结构，使学生原有的知识和心理状态向化学教学目标所要求的状态发生改变的规划过程。在进行化学教学活动优化设计时，应注意以下几个方面。

1. 协调师生活动

注意学习活动的优化设计以及教与学的协调。教师应该在深入了解学生的基础上作出心理角色置换，设身处地为学生着想，审视教学活动优化设计并做出相应的调整。教师是化学教学活动中教的主体，学生是化学教学活动中学的主体。教学活动优化设计中不主动安排协调师生的活动，会使教学活动变成单方面的施教活动，导致施教活动与学习活动不能系统开展而影响教学效果。因此，应在进行化学教学活动优化设计时，充分认识和体现学生在学习中的主体性，正视发挥教学双方的主动性、积极性和重要性。教的主动性应该体现在主动地认识和探讨学生学习的规律性，深入了解学生状况，努力引导学生主动和积极地学习。学的主动性应体现在既不是被动地参与也不是无理由地盲目接受，而是在接受指导和掌握学习规律的过程中，逐步进行自我调控学习活动能力的培养。

2. 科学性和艺术性统一

化学教学活动的科学性主要表现在自觉地运用教学规律作出指导、遵循化学的科学规律和化学教学的原则。教学活动的艺术性主要表现在教学活动的和谐性、巧妙性和新颖性，能通过有限的活动及其内容完成多项教学任务，达到多项教学目标，能激起学生积极的情感共鸣，产生美的感受、得到美的满足。所设计的化学教学活动既要以科学性为前提，以化学教学规律作为基础，又要按照美的规律设计教学活动，积极地进行教学艺术创作，使化学教学活动生动活泼、富于审美情趣，又不失其严密的逻辑性和系统性。

3. 建设工作规范

根据化学教学活动的具体规律，建立相应的工作规范。例如：在设计教学的讲授活动时，要考虑学生此时是以听为主，还是以思考为主，或以笔记为主；如何使学生听得清楚、有兴趣、愿意听，能保持注意、不易疲劳；如何引导学生的思维活动，使他们顺利地理解教学内容及其结构和掌握重点；如何使学生产生预期的情感，达到情感教育目的；如何用板书、表情、手势和其他辅助行为配合，增强讲授的效果；如何有利于学生记笔记，指导他们协调各种思维活动；如何根据学生可能的信息反馈进行机动的应变调整以及如何引导学生进行探究活动等。根据这些教学具体活动上的考虑，建立一系列的设计工作规范，以使整个化学教学活动优化设计规范化。

4. 活动适度多样

化学教学活动是多类型、多层次活动的组合，为了完成特定的化学教学任务，可以采取多种不同的活动方式。教学活动的多样化不但能使学生始终保持兴趣和热情，而且能提高学习的效率，陶冶情操，促进智力和心理能力协调发展。但是，教学活动种类过于复杂、更换过于频繁，也会增加学生的学习困难，使他们过早地感到疲劳，注意力分散而影响到学习效率。教师在设计化学教学活动时，要从教学内容的实际需要、学习者的心理特点和智力的发展水平出发，处理好教学活动的多样性和适度性的关系。

5．突出学科特点

作为化学学科的教学活动，化学教学活动应该突出化学学科特点，把握化学学科中固有的认识规律和教学规律。化学教师要真实、具体、细致地了解化学认识过程。化学知识体系和化学科学规律，包括注意化学语言和化学科学方法的应用，注意化学思维活动、化学实验活动的开展以及它们的相互配合，使所优化设计的化学教学活动始终具有化学学科的鲜明特点，为化学教学的各种既定目标服务。

6．重视工作实际效果

化学教学活动优化设计是对在教学过程中，将要进行的具体活动的预先构想，比教学策略更具体。化学教学活动优化设计要特别注意从实际出发讲求实效，从教学经验的积累和概括化过程中提取出来的优秀范例，与教学实际紧密结合，是教师进行化学教学优化设计的重要参考。同时，化学教学活动总是需要一定的外部条件，总是在一定的环境中进行，要注意这些条件与环境的协调，在涉及化学教学活动时要充分利用环境中的积极因素和有利条件来设计化学教学，使所做工作产生实际的效果。

（二）化学教学活动优化设计的步骤

1．明确化学教学活动的要素

与一般活动的要素一致，化学教学活动同样具有自己的主体、客体和媒体，自己的内容、形式和结构，以及自己的目的、过程和结果。化学教师在进行化学教学活动优化设计时，先要明确化学教学活动的各个要素。

化学教学活动中存在复杂的主客体关系。从教师的教学来看，教师是教育者，作用于受教育者，教师是主体。从学生的学习来看，学生是通过教师、教材来认识世界，因而学生是主体，教师是客体。因此，教学活动中的主客体关系，先是双主体并存，且互为客体。教师这个主体的特征是"主导"作用，要起到"主导"作用，必然要对主导的对象——学生（此时是客体）有一个全面、深刻的了解；学生这个主体的特征是"主动"作用，主动便是充分发挥自身的积极性，参与教学活动，其"主动"作用在很大程度上，是教师"导"出来的（此时教师充当了学生这个主体认识的客观对象）。除此之外，双主体有着共同的认识客体，即教学环境中的一些因素，包括物理环境、教材内容、辅助材料和教学工具等因素。

教师发挥主导作用，应该对化学教材、教学媒体全面掌握，并且应学会换位思考，深入学生群体，从而扎实地参与到化学教学当中；学生发挥主体作用，应该对化学教材等因素有一定程度的认识，为了达到与教师的沟通，应该把接受教学后的反馈信息传递给教师，从而参与到教学之中。

化学教学活动的主要内容为：化学教学活动的情景设置；对学生进行学习活动的导向；学生学习化学兴趣的形成与激发；化学课程的进程展开；化学教学材料的呈现，学生感知、理解和记忆等思维活动的进行与引导；学生情感体验和行为习惯的形成；学生学习内容的整合和巩固；练习、测评和反馈等。化学教学活动一般表现为教师的讲授、提问、演示等配合学生的听讲、答问、观察等，学生的思考、练习、讨论等配合教师的质疑、讲评、答疑等。化学教学活动的组织形式为课堂教学，辅以课外活动、个别辅导、家庭作业等。化学教学活动的目的是向学生传授现代化学知识，培养学生化学思维和化学能力，构建学生的化学知识结构和心理结构，陶冶美好的情操和形成正确的行为习惯等。化学教学活动的过程，应该体现出教学双方的主动性、积极性和互动性，体现出教学的程序性和多样性，其结果是要达到化学教学目标所要求的各项指标。

2. 优选化学教学方法

化学教学活动内容是进行化学能力训练的素材和载体，组织化学教学活动的内容是指围绕化学课堂教学目标，考虑化学教学内容的各项安排、优选教学方法和教学媒体，进行教学过程的编制等。

通常而言，化学教材内容已经具有严密的逻辑性和系统性，可以按照教材的编排顺序进行教学组织工作。也可以根据实际情况，改变教材的原有顺序，重新安排教学内容。组织化学教材时要注意逻辑系统并且要求突出重点；注意启发学生的积极性和培养学生的逻辑思维；注意联系学生已有知识；注意突破难点。优选化学教学方法时，应该仔细比较已有方法的优劣，优先采用那些理论与实际结合紧密的方法，注意教学媒体采用上的适时适度原则，做到既发挥教学媒体在课堂教学中的高效率，又避免对教学媒体的过度依赖和学生被动心理的形成。

3. 编排化学教学活动顺序

编排化学教学活动顺序是化学教学活动优化设计的重点，其主要任务在于确定化学教学活动中工作的进程。先要确定化学教学活动的工作步骤，其次确定各个步骤中的工作内容与方式方法，此外还要确定各个工作步骤的时间顺序。化学教学活动顺序的制定应该是依据化学教学目标及化学教材，进一步确定教学活动中教学双方工作进程的时态系列，从而引导师生双方在不同的教学时间内去完成既定的教学任务。

化学教学活动顺序的编排在于规范化学教学活动中学生心理结构的构建过程，因而化学教学活动的步骤、内容、方式、方法及时序均要遵循所要构建的学生心理结构的本性及其形成、发展的学习规律。知识、技能与社会规范的接受，虽有共同的规律，但也有自身的特殊性。因此，应该结合化学学科的特点编排化学教学活动的顺序，区别对待以知识、技能和社会规范为主的课题内容，按照各自的教学规律进行优化教学。我国教师在长期教学工作中总结出来的许多行之有效的教学经验和原则，可以在教学活动顺序的编排中加以灵活运用。

例如，课堂教学环节和过程问题，一般而言，可分为组织教学、复习后引入新课、讲授新课、巩固新课、布置作业等环节。在讲授新课环节中，要传授化学知识。但传授知识的目的在于使学生掌握化学科学方法和培养思维能力，故可以引入各种创造性教学的过程，使教师的创造性得以充分发挥，使同样的教学内容产生不同的教学效果。当然，化学教学活动顺序的编排要落实到具体的教案中。教案，对于有化学教学经验的教师而言，可以从简，也可以根据实际情况用课堂教学活动结构流程图表示；对于新教师而言，则应该十分明确地将化学教学活动的顺序详细地用文字和图表表述出来，以便在备课和教学过程中随时参考。

三、高中化学教学策略的优化设计

（一）化学教学策略的认知

化学教学策略是化学教学优化设计的有机组成部分，是在特定化学教学情境中为完成化学教学目标和适应学生学习的需要而作出的教学谋划和采取的教学措施，它包括三层意思：化学教学策略从属于化学教学优化设计，确定和选择化学教学策略是化学教学优化设计的任务之一；化学教学策略的制定以特定的教学目标和教学对象为依据；化学教学策略既有观念驱动功能，又有实践操作功能。化学教学策略因其不同的概括程度可以被纳入不同的层次。高层次的化学教学策略，是对低层次化学教学策略的概括，活动范围较大。低层次化学教学策略是高层次化学教学策略的具体化，它体现和蕴含着高层次策略，活动范围较小。

第一，高层次化学教学策略与化学教学思想直接相关，它体现着教师对化学教学方针、教学目标以及教学理论和方法体系的认识，表现为比较概括和稳定的教学原则和活动规则。因此，可以把教学思想及其原则体系看作最高层次的教学策略。

第二，中层次的化学教学策略是从化学教学实践中提炼、升华所形成的教学方式，是一系列规范、概括的化学活动规则的集合，符合化学教学模式的一般特点。此时，可以把化学教学模式解释为教学策略，认为化学教学模式是为完成特定的教学目标而设计的、具有规定性的教学策略。中层次的化学教学策略是对具体教学实践的概括，但其概括程度低于化学教学思想。

　　第三，低层次化学教学策略是具体的"教学策略"，又称为"教学思路"。其通用性较差，操作性、技巧性较强。在化学教学策略优化设计中，低层次的化学教学策略是在化学教学思想指导下，根据具体的化学教学目标、教学任务、学习起点和其他教学条件，运用化学教学模式进行教学策略设计的结果。

（二）化学教学策略优化设计的要点

　　化学教学策略的优化设计是一项较为复杂的系统工作，原因在于影响化学教学策略形成的因素不仅错综复杂，而且不易把握。以下探讨一些化学教学策略的设计要点，可以为一般化学教学策略优化设计提供参考。

1.教学准备策略的优化设计

　　教学准备是指教师依据教学目标，钻研教材、组织教材、选择教法以及了解学生，制订教学计划的过程。化学教学准备策略的设计就是回答采用何种活动方式或行为措施，可以准确、高效地完成化学教学的一系列准备工作问题。对化学教学准备策略的设计，包括对制定化学教学目标的策略，确定化学教学内容的策略，分析学生知识背景的策略，编制化学教学计划的策略等的优化设计。

2.教学实施策略的优化设计

　　教学实施是教学意图得以贯彻、教学目标得以达到的过程。化学教学实施的策略优化设计要求教师在化学教学过程中，懂得把教学内容同学生的认知结构联系起来并帮助他们组织所学习的材料；懂得从学生的实际出发，采用大量的具体例子，以归纳方式使学生形成概念；懂得以学生认知结构为依据，用定义的形式解释概念，最终使学生理解掌握概念，以及通过有目的、有意义的学习，使学生积极地获得概念等一系列开展有效化学教学的方法。

3.因材施教策略的优化设计

　　因材施教是指教学要适应学生的身心特点。化学教学的因材施教策略的设计要求教师针对学生的年龄差异、能力差异、认知方式的不同，分别采取相应的教学策略。

4.教学监控策略的优化设计

　　教学监控是指在教学活动中为保证达到教学目标而对教学过程进行的检测、评价、反馈和调控。化学教学的监控策略优化设计要求教师在四个方面考虑教学监控策略的确定，它们分别是主体自控策略、课堂互动策略、教学反馈策略和现场指导策略。主体自控策略是指教师依据教学目的和教学主体的状况，积极促使教学主体进行自我控制的方式方法，包括主体（教与学双主体）的动机水平的提高，主体自我意识的增强，学生主体元认知监控水平的提高策略设计等。课堂互动策略，是指教师有意识地建立规范的、和谐的、多向的交往与合作的课堂互动环境。教学反馈策略是指运用多种反馈渠道，将教学的情况反馈给教师或学生，以便及时地修正教学。现场指导策略是指根据不同的教学情境、学生学习状态，选择最佳教学方法，达到最佳教学效果。

（三）化学教学策略优化设计的特性

1. 教学的指向性

所设计的化学教学策略应该组织一定的教学行为，指向特定的化学教学目标和教学活动。在化学教学过程中，先要确定教学目标，然后才选择适合的教学策略，通过一定的教学方法进行教学活动，以便最终达到教学目标。化学教学策略与化学教学方法联系紧密，它规定和支配着教学方法的选择，使教学方法更适合达到教学目标。

2. 结构功能的整合性

所设计的化学教学策略应该具有结构功能上的整合性。在选择和制定化学教学策略时，要体现教学策略构成的组合特征，要求教师针对具体的教学需求和条件，对影响教学策略构成的教学内容、方法、步骤、媒体和组织形式等要素加以综合考虑，组成适合教学目的要求的最佳教学行为。同时，发挥化学教学策略作用时，强调有效教学策略应该由具体教学方式、措施优化组合，合理组建，使多种化学教学策略能够协调作用，发挥出整体优势。

3. 教学策略的可操作性

所设计的化学教学策略应该是可操作的。化学教学策略既不同于抽象的化学教学原则，也不同于在某种教学思想指导下，构筑起来的一些化学教学模式，而是供教师在教学中参照执行或操作的教学谋划或措施，它有着较明确具体的内容，是教学活动具体化、行为化的基本依据，不同于只发挥指导和规范作用的化学教学原则和教学模式。因此，虽然化学教学策略对某种具体教学行为具有指导性，但它的可操作性应该是其本质特征之一。

4. 对问题解决的启发性

所设计的化学教学策略应该能启发问题解决。化学教学策略往往是与化学问题解决相联系的，即化学教学策略带有问题解决的经验性倾向。这是操作者在问题解决过程中一系列行为活动所遗留下来的痕迹。当操作者处于新的问题解决过程中时，会受到这种经验性倾向的影响。因此，在优化设计化学教学策略时，教师应主动利用这一影响，去组织解决教学问题的最佳策略途径和方式，从而有效地完成设计工作。

5. 教学策略的灵活性

所设计的化学教学策略应该具有灵活性。在选择和制定化学教学策略时，应该根据不同的教学目标、内容和任务的要求，参照不同学生的初始状态，将最适合的教学方法、教学媒体和教学组织形式组合起来，保证教学活动能达到既定的化学教学目标。同时，已经制定好的化学教学策略在运用时，应能够随着教学情境（目标、内容、对象）的变化做出相应的改变。只有依据化学教学的实际状况能灵活变化的教学策略，才能始终在化学教学中发挥出最佳的作用。

四、高中化学教学实验的优化设计

化学是一门以实验为基础的自然科学。高中化学教学实验具有帮助学生形成化学概念，理解和巩固化学知识，培养学生的观察能力、思维能力和动手能力，启发学生联系科学、生活、社会实际进行创新，培养学生科学精神、良好的心理素质等诸多功能。因此，化学实验在中学化学教学中具有不可取代的地位。

实验教学是以实验为主要内容的教学活动，其主要任务有两个方面：一方面，是通过实验教学，直观地让学生观察和认识众多的自然现象及其内在的规律，使学生对某一领域的知识从感性认识上升至理性认识，验证或再发现某些已知的理论知识，从而巩固已学到的理论知识，培养学生的创造性思维方式及能力；另一方面，是通过实验教学，使学生学会在认识和研究自然科学领域中所遇到问题的一般或特殊的实验方法，熟练掌握实验中常规及某些特殊的实验技能，提高学生的实验动手能力。化学教学实验优化设计的要求主要有以下方面。

（一）实验目的要明确，有针对性

化学教学实验的内容、范围和难度等，由化学教学目标所规定。化学教学实验的设计依据的是化学教学目标，为完成化学教学目标而设置各种化学教学实验。要针对化学教学目标规定的知识技能要求，抓住教学的重点和难点优化设计化学实验教学，以丰富学生的感性认识，更好地理解和掌握化学概念、原理和规律。对于通过实验，要求学生掌握哪些基础知识，培养哪些技能技巧、哪些方面的能力，明确解决哪些主要问题，突出观察哪些实验现象，重点示范哪些基本操作，应概括得出哪些结论以及如何启迪学生思维等，教师在优化设计教学实验时要十分清楚，做到胸中有数。同时，化学教学实验的设计还应考虑到教学目标对能力培养和科学方法训练的要求，体现出化学实验的教育功能。

（二）实验现象要鲜明，形象直观

现象鲜明、形象直观的化学教学实验，能更有效地引起学生的注意，使他们积极地投入当前实验现象的观察和感知中，从而，在头脑中形成深刻印象，为思维加工过程，积累丰富的感性材料。教师在优化设计化学教学实验时，要尽可能地选择那些现象鲜明、形象直观的实验，以保证实验所达到的效果。所设计的演示实验和边讲边实验，应使得全体学生都能看清实验的物质、装置、操作和反应现象。要求教师考虑选择合适的仪器和药品，实验装置安放的位置和高度以及仪器的大小。实验装置力求简单、整齐、美观，重点部位要突出，不需要使用的仪器等要及时移开，避免分散学生的注意力，影响实验效果。操作要正确，速度要适当。实验现象要鲜明突出。当然，也不要过度地追求实验现象的新颖和离奇，使学生不得要领、分散注意力，适得其反。

（三）实验过程结论，具有启发性

所设计的化学教学实验，应该在实验过程中或所得结论中具有一定的启发性，有助于学生对化学教学内容的理解和掌握。教师需要善于运用教学艺术，使讲授、演示和板书有机地结合起来，启发学生积极思考，有效地培养学生的思维能力。无论采用哪种形式进行实验教学，教师都不要急于把结论告诉学生，而要善于引导，使学生明确实验的目的和观察要求，认真进行实验和观察，实验时要引导学生对实验装置、操作步骤和观测获得的现象进行积极思考，对现象和测到的数据进行分析，通过抽象、概括、分析、归纳，认识和揭示出事物的本质和变化的规律，以形成化学概念，掌握化学理论。通过化学教学实验，使整个化学教学过程充满积极的思维活动，有利于发展学生的理解能力、分析能力和推理能力。

（四）实验内容简洁，安全且可靠

化学教学实验在内容上的不同，会导致实验过程的千差万别。教师设计化学教学实验时，要精心选择内容简洁、操作安全、结论可靠的实验，以便教学所要求的实验效果能够在有限的时间内被安全、可靠地得到。教师要认真钻研实验教材，反复做好预备实验，掌握实验关键和数据，避免出现科学性错误。在保证教学实验科学性、针对性的前提下，要尽可能使实验过程简洁明了，实验操作安全可靠。危险而不可靠的实验，不仅危害学生的身心健康，而且容易造成学生对化学实验现象的误解。教师要懂得有毒物质、腐蚀性物质和可燃性物质等的使用规则。要了解各种仪器的使用性能以及防火、防爆、防中毒等基本知识，有危险性的实验仪器和药品摆放要合理，避免所设计的实验发生危险事故。当然，在化学教学实验过程中，要保持实验的真实性。

五、高中化学教学媒体的优化设计

（一）化学教学媒体的认知

化学教学媒体是化学教学过程中用于负载化学教育信息，以便实现经验传递、知识传播和技能培养的物质手段或工具。化学教学媒体是化学教学的基本要素之一，化学教学活动离不开一定的媒体的支持。

1. 化学教学媒体的特点

依据化学教学媒体的定义，我们可以得出化学教学媒体具有以下两个特点。

（1）化学教学媒体作为传递经验的物质手段，具有一定的物质形式。在化学教学过程中用以传递信息的媒体可以是多种多样的。它既可以是一种简单的声波或光波，也可以是一种极为复杂的仪器设施。但作为化学教学媒体，必须是能作用于人，使学生能对其作用产生能动反应的事物，是具有一定物质形式的客体。

（2）化学教学媒体区别于信息媒体而存在。化学教学媒体与信息媒体都是传播过程中，传方与受方之间的联系物，都是信息的载体。但是，化学教学媒体与信息媒体之间，又存在非常重要的区别，信息可以通过单向性的媒体进行传播，而教学必定需要传播者和接受者之间的双向性的传播。

2. 化学教学媒体的分类

关于化学教学媒体的种类很多，以下探讨两种分类。

（1）按照我国教育心理学家邵瑞珍教授的观点，依据教学媒体作用的感觉通道，可以把化学教学媒体分为四类：①非投影视觉辅助，包括黑板、模型、实物等；②投影视觉辅助，包括幻灯机、投影仪及其辅助设备；③听觉辅助，如录音机、放音机、收音机等；④视听辅助，包括电影、电视和录像等。

（2）依据巴甫洛夫两种信号系统学说，可以把化学教学媒体分为以下两类。

第一，非言语媒体。非言语媒体是直接的刺激物，属于现实的第一信号系统，包括实物、实验装置、实验现象、图表以及身体动作和表情动作等。非言语系统媒体所负载的是现实事物现象的具体经验和具体信息。依据巴甫洛夫两种信号系统学说，这类媒体属于现实的"第一信号系统"，有别于"第二信号系统"。通过这种非言语媒体，可以传递人们对各种具体事物的感性的和具体的经验。从这类媒体所负载的信息量来看，其投入相对较小，因而获取信息的加工相对较简便，要求的条件较少。

第二，言语媒体。言语媒体以言语负载教学内容，属于第二信号系统，包括口头语言以及书籍、讲义、板书等文字材料。言语系统媒体区别于非言语系统媒体而存在，所负载的是现实事物现象的抽象经验或抽象信息。这类媒体属于现实的"第二信号系统"。由于词语及第二信号系统是现实的第一信号系统的信号，具有抽象性与概括性，因而这类媒体可以用来传递人们对现实理性的和抽象的经验。由于言语系统的媒体可以作为非言语系统的媒体的信号，因而其信息的负荷量不受非言语系统媒体的局限，包容性相对较大，获取信息的加工相对繁杂，要求的条件较多。

（二）化学教学媒体的选择

1. 影响化学教学媒体选择的因素

（1）化学教学任务。化学教学任务包括化学教学目标、化学学习内容和化学技能培养等因素。一定的媒体对一定的化学教学活动要达到的预期目标有着显著和独到的作用。例如，当学习目标是让学生掌握一些比较抽象的概念，如物质的结构和分子的结构时，采用物质结构模型较为有效；当涉及分子的运动、核化学反应或实验室里无法演示的工业反应流程，以及纠正学生某一实验动作技能的错误时，最好的选择是录像，这种媒体为认识事物的本质特征提供了极大的方便，使学生获得大量的、在一般情况下学不到的，或要付出很大代价才能学到的替代性经验。

（2）学生身心特征。学生的身心特征是化学教学媒体选择中应该考虑的因素，因为学生的年龄、智力特点、认知结构、学习经验和动机兴趣等对化学教学中媒体的选择有一定制约作用，如一个有经验的化学教师在为低年级学生进行化学绪言课教学时，往往采用录像、演示实验和实物模型，使学生感受到化学与工农业、实际生活密切相关，以激发他们学习化学的兴趣。

而当学生对化学已有一定的基础知识和技能时，则可以采用幻灯片来提供一连串的、可随意翻看的静态画面，帮助学生进行复习或记忆。幻灯片的好处在于能使教师与学生之间始终保持交流，能面对呈现材料进行学习，教师可以一边观察学生反应，一边加以指导。由此可见，由于学生的年龄、学习兴趣、学习经验等身心特征的不同，媒体的选择也可不同。一般而言，与学生的年龄、兴趣、实际经验等相匹配的媒体可以为教学提供更多的帮助。

（3）教学管理。在进行化学教学媒体选择时，要考虑的因素还有化学教学管理，包括教学规模、教师能力、教学安排等。从教学环境以及教学效果两方面考虑，大班级教学、小组教学和个别教学所使用的教学媒体是不同的。选择化学教学媒体往往受到教师素质和教学安排等因素的影响，这是因为现代视听教学媒体所展示的材料不仅形象，而且生动，对激发学生的学习动机、调动其学习积极性有独到的功效。但是，若在教学中对所用媒体管理不善，则会适得其反，起不到教学应有的效果。因此，选择使用教学媒体需要有周密安排的课堂教学，要求教师有及时获取、处理反馈信息，控制教学进程的能力。

（4）经济因素。能否选出一种适宜可行的化学教学媒体，还受到经济因素、媒体自身特点及其使用等一些实践性因素的制约。化学教学媒体的选择应该考虑经济因素，同时也要考虑一些有关媒体自身和使用上的因素，如媒体资源、媒体功能、操作情况、媒体组合性、媒体灵活性、媒体质量和使用环境等。

2. 化学教学媒体选择的重要步骤

化学教学媒体选择受许多因素的制约，可以有多种不同选择，但是，一般而言，可分为以下步骤。

（1）了解化学教学目标、教师和学生的特点，包括：化学教学目标和每一项教学目标所属的学习类型（如智力技能、言语信息、认知策略、运动技能或态度）；教师的教学水平，包括备课讲课水平、课堂调控水平和测验讲评水平等；学生的学习能力，包括阅读能力、观察能力和理解能力等。

（2）确定最合适的化学教学组织形式和经验习得方式，包括：确定最适合化学学习目标和学生特点的化学教学组织形式（集体授课、个别化教学及小组内的师生相互作用）；确定最适合学习目标和上述某种教学组织形式的经验习得方式（直接亲身的经验习得、词语与印刷文字表达的抽象经验习得及非词语的媒体经验习得）；罗列出当习得经验经非印刷媒体传递时化学教学媒体应该具有的特点。

（3）根据以上步骤的工作，转入某一合适的流程选择图。这种流程图类似于计算机编程所采用的流程图：用一些框图、箭头、线段和逻辑选择，将问题的提出、解决的途径和结果都尽可能全面和清晰地展示出来。通过流程图，我们的选择通常被导向一种或一组适合的媒体。例如，选择被导向一处"静止画面"媒体，则框内可有照片、幻灯片和投影片等媒体，下一步再对这三种媒体做出最后的确定。

（4）这一步将重点考虑化学教学媒体的使用和经济等因素，这可用"两维表"来完成。以静画媒体为例，设计成两维表：一维为选出的三种媒体——照片、幻灯片和投影片；另一维为必须要考虑的因素，将三种媒体与任一因素做比较，得出不同级别的选择，从中可得出最需要的教学媒体，再综合经济因素、教师的喜好和市场供货情况等做出最后的选择。

（三）化学教学媒体的优化组合

在课堂教学过程中，化学教学的各种媒体并不单一地起作用。由于不同媒体具备不同的特点，各自都有适应性和局限性，故在可能的条件下，化学教学应该尽可能地采用多媒体组合方式进行教学，以使各种媒体能扬长避短地工作。当采用多媒体教学时，存在媒体的优化组合问题。只有把多种化学的教学媒体有机地组合起来，发挥各自的功能去传递不同性质的教学内容，才能取得预期的教学效果。

由此可见，化学教学多媒体的优化组合应用是为了取得化学教学的优化效果，但这种优化组合发挥出应有效果是有前提条件的。此外，在不同感觉通道中呈示的信息在信息有联系的情况下，同时给予两种感觉通道的刺激会提高学习效果。但如果信息量给得太多且超过一定冗余度，这时用双通道呈示的信息还不如用单通道呈示的效果好。

（四）化学教学媒体优化设计的内容

1. 化学教学语言的优化设计

语言是思维的物质外壳，思维的内容主要通过语言表达。同时，语言又是信息传输的最重要的载体。在化学教学当中，教师阐明教材内容、传授知识、组织练习、激发学生的学习积极性等一切课堂活动所用的语言就是化学教学语言。化学教学由基本教学语言，以及适合化学学科要求的特殊语言所组成，化学教学语言优化设计应该由以下两部分所组成。

（1）基本语言的优化设计：①采用规范的普通话，不用方言教学；②注意发音和语调的适度，力求吐字清楚、音量适中、语速适宜和语调和谐；③注意语言的可信度和有效性，要使采用的语言贴近学生的年龄、接受程度，避免不真实、不可信成分，并要富于情趣和传神；④储备一定量的基本思维表达词汇用于教学，选择大量正确、规范和生动的词汇丰富基本教学语言词库。

（2）特殊语言的优化设计：①引入言简意赅的描述短语。在化学教学中，一些抽象的概念和复杂的观念，采用简单明了的短语表达，可以将其意义迅速提炼出来。例如，原子核外电子运动状态、排布规律和表示方法都比较复杂，教师可以将它们提炼为"四个方面"（电子层、电子亚层、电子云的空间伸展方向和电子的自旋），"三条规律"（泡利不相容原理、能量最低原理、洪特规则），"三种表示"（原子结构示意图、电子排布式、轨道表示式）三句话，使学生对这些知识内容有更加明确和清晰的了解。②采用化学用语。化学用语是表示物质组成、结构和变化规律的一种国际化学文字，是学习化学的一种专用工具，也是进行国际交流的科学而准确的书面语言，它具有简明直观、确切表达化学知识和化学思维的特点。

化学用语能表达化学基本概念、物质及其变化规律和变化中物质量的关系，如元素符号既代表某种元素，又代表该元素的一个原子和相对原子质量；化学式既表示某种物质的组成，又代表该物质的式量及组成元素间的质量关系；化学方程式既表示一个真实的化学反应，又表示物质间相互作用的量的关系。因此，化学用语是化学计算的基础，是培养科学思维方式的重要形式。正确采用化学用语，有助于化学教学的有效进行，发展学生的记忆力和抽象思维能力。

2.化学教学板书（板画）的优化设计

板书（包括板画）是在教学过程中利用黑板、白板、磁性板等教学板，以精练的文字、图解和符号传递教学信息，使学生更好地感知教学内容的行为方式。

（1）板书（板画）优化设计的意义。板书是一种重要的教学手段，是课堂教学的有机组成部分。以黑板和粉笔为教具，简便易行并且可操作性强。板书可以体现教学意图，帮助教师表达讲课的程序和内容结构；可以促使教师深入钻研教材，提高思维能力和表达能力，弥补口头语言的不足；可以概括教学内容，引导和控制学生思路，使知识系统化、条理化。

（2）通过板书（板画）可以突出知识点、线、纲之间的显明关系，使知识结构明朗化。板书也是评价教师课堂教学质量的一个重要方面。好的板书可帮助学生理解教学内容，抓住重点、突破难点、掌握关键，向学生提供书写和运用化学用语、规范解题格式和绘制图表等的正确示范，增进教学效果；能帮助学生掌握教学思路，提高逻辑思维能力；能加强教学的直观性，唤起学生的注意力，增强学生的记忆力、理解力，有利于思维训练；有利于锻炼学生的笔记能力、表达能力；有利于学生课后复习和理解、巩固新课内容。

（3）化学课堂教学中的板书包括正板书和副板书两部分。正板书包含相对固定的板书内容，体现的是化学课堂教学的意图。正板书能形成比较完整的体系，被书写在黑板的显著位置并尽量保留。副板书包含临时性、多变性的板书内容，主要作为帮助学生听讲，或充当正板书的辅助和补充内容，它们一般不长时间保留，书写位置没有严格的要求。但也要做到有计划地书写，保留时间恰当，整体版面布局合理。

第一，板书的内容主要为课题名称、授课提纲，包括研究问题的思路、步骤、知识的系统结构等；教学要点和重点，包括重要的定义、原理、规律、符号、数据、性质、制法、用途、方法、结论、注意点和学习要求等；补充材料和其他内容，包括图表、例证，以及为了帮助学生听清、听懂而作出的文字解释、说明、提示、图示和生僻字词等。其重点和详略常常因教学内容、教学方法、教师的教学风格和学生的接受水平而定。板书内容应该是教师教学的重点内容或主要内容，应能厘清教材的系统，体现知识结构，但不能变成课文摘要或内容缩写，否则将使学生忙于抄写板书，影响学生听课效果，从而失去板书的意义。

第二，板书形式优化设计主要包括以下方面。①纲要式板书设计：用于表示教学内容的结构、组成、顺序以及有关要点等的板书。②图表式板书设计：用于示意图、比较表等内容的板书。③思维式板书设计：用于表示思维、运算过程的板书。④综合式板书设计：综合运用各种各样的板书形式进行的板书设计。

第三，板书的布局优化设计是比较重要的问题。简洁、鲜明、引人入胜的板书一般都采取的是正板书居中，副板书位于两侧；正板书长留，副板书临时；重点板书内容重点标出，非重点板书内容简单带过的布局策略。

3. 化学多媒体课件的优化设计

为满足计算机辅助教学的需要，根据化学教学目标编制，用于化学课程教学的多媒体程序软件称为化学多媒体课件。它是化学教学内容、教学方法和课程设计技巧的有机结合体，通常以磁盘为存储载体。通过多媒体课件的运行，计算机辅助化学教学系统能在一定程度上代替化学教师向学习者呈现学习材料和问题，对学习者的问题进行评定、诊断、反馈、提示和指导，跟踪、记录学习情况并进行分析，作出教学决策，调整、调控教学过程等。

（1）化学多媒体课件的规划。化学多媒体课件的规划包括拟定化学多媒体课件的编制目的、教学内容、教学目标、教学要求及其结构方式；明确课件的适用对象、适用范围和支撑环境；编写或者选择适当的化学教材。

（2）化学多媒体课件的优化设计。化学多媒体课件的设计包括确定各节的教学模式、课件类型、教学方法和教学策略；根据教学内容要素划分教学单元；确定各单元向学生传输的学习内容、应提出的问题、可能的应答反应；确定对应答反应如何判断、反馈以及转移控制的结构；根据课件的支持环境选择适宜的信息输入方式；通过对原始教材的再创造编制出化学多媒体设计的流程框图。

（3）化学多媒体课件的输出优化设计。为了提高信息传送效率，要确定适当的信息表示形式（如文字、图像、声音等），显示器是最主要的输出设备，根据它的显示特点精心设计信息显示位置、显示技巧，画出附有注释说明的屏幕设计图系列。

（4）化学多媒体课件的程序编制和调试。通过所设计的程序框图，用适当的程序优化设计语言编写各单元的程序，并在计算机上初步调试，然后把各单元程序组接成课件，再进行整体调试。

（5）化学多媒体课件的试用、修改和维护。在适当的班级或其他教学单位中试用所编制的化学多媒体课件，了解试用的情况，针对发现的问题进行修改和日常工作的维护。

第三节 高中化学教学中的学习方式设计

一、高中化学教学中的自主学习设计

所谓自主学习，是指学习者在学习活动中具有主体意识和自主意识，不断激发自己的学习激情或积极性，发挥主观能动性和创造性的一种学习过程或学习方式。

（一）自主学习的意义

第一，在自主学习过程中，学习者能充分发挥主体作用，逐步形成正确的学习态度、提高自主意识的水平、发展智力和非智力因素素质、掌握学习方法和培养自我评价能力，从而不断地把自己塑造成一个具有终生学习能力的人，使自身的潜能和素质一生得到不断的开发、发展和完善。

第二，自主之所以重要，不是它在生活中有用，而是它符合创造性的自我发展。

第三，自主学习是个人在剧烈变革的社会中，高质量地生存和发展的必备素质之一，它将使个人获得现代的通行证——学会学习。

第四，自主学习，是健全人格、发展独立性和创造性精神、意识和能力的温床。自主学习是创新的前提。

（二）自主学习的特性

第一，能动性。能动性代表学生可以进行自主学习，代表学生对学习的态度是积极的、是主动的，在学生有了主体能动性之后，学生可以进行自主学习。

第二，有效性。自主学习是学生出于自己的学习系统、出于自己的学习需要对自己学习进行的调节，调节是为了让系统中的因素可以协调作用，获得更好的学习效果，换言之，自主学习是学生优化学习效果的一个过程。通常情况下，如果学生的自主学习水平比较高，那么学生对学习过程的优化程度也会比较高，能够获得更好的学习效果。

第三，自我监控性。自我监控指的是学生自己监控自己学习过程的一种行为，通过对自我学习过程的监控，学生可以及时调整学习方法，也可以对自己的学习状态、学习结果有更清晰的认知，而且有助于学生发现学习过程中的问题，有助于学生进行自我反思以及问题的解决，在这样的自我监控下，学习能够达到最优状态。

（三）自主学习能力的培养

1. 培养兴趣和责任心

学生在学习中能够获得的最大动力来自兴趣，一旦产生兴趣，那么学习就会变成自觉的、自动的，所以，自主学习需要激发学生的学习兴趣和热情。新课程的出现为学生的学习提供了更好的平台和条件。例如，在《化学课程标准》中明确指出，化学教科书的内容必须紧跟时代发展的步伐，需要让化学成就深入浅出地被学生理解，与此同时，还要注重化学发展历史的介绍，让学生意识到化学概念以及化学原理发展的过程，让学生掌握化学思想观念，也要在教材中体现当下的社会中与化学有关的热点问题，从当前化学的最新研究内容，或是化学发展面临的重要课题角度为学生介绍有关重点内容，这些知识可以将学生的兴趣更好地激发出来。

总而言之，教学内容和学生的生活相关联，和他们的经验相整合，就容易激发学生的学习兴趣。在教学中，应采用多种教学手段，让学生总有新鲜感。因此，要让学生产生"我要学"的意识，首先，要以兴趣为主；其次，要把责任感培养起来。要让学生认识到：学习是一种追求、一种愿望、一种兴趣，更是一种责任。

2. 创造自主学习氛围

为学生创设外在的、优质自主的学习氛围可以为学生自主学习活动的开展提供基本保障，化学当中有很多原理、很多规律需要学生自己去探索，只有经过实际探索之后，学生才能真正理解，而且学生在学习过程中也会表现出主动性，学生不愿意单纯地接受化学知识，他们希望在自主学习过程当中对化学知识进行独特的理解。因此，化学教师要培养学生养成化学探究意识、独立学习化学知识的意识，为学生创设化学学习情境，为学生提出化学问题，让学生自主进行问题的解决。

当教师提供了良好的化学学习氛围之后，学生会自觉地进行有关化学知识的探索，作为教师，应该重点进行化学学习活动的设计。例如，提倡制作家庭简易实验箱的活动中，凡在实验中所需药品及仪器，鼓励学生尽量从生活中寻找替代用品。家庭实验箱的建立给学生提供了一个自由想象，自由发表见解，自由探讨问题的宽松的、自主学习的空间。在这种学习活动中学生会遇到很多实际问题，如污染问题、安全问题、提纯问题等，为了解决这些问题，各种各样的实验设计就会应运而生。通过这些自主学习活动，使学生的创造潜能得到了较好的发挥，同时也培养了学生为社会创造财富的责任感和使命感。

3. 科学的教法和学法

学生进行自主学习的前提是教师要使用科学的教学方法，之后，学生才能掌握科学的学习方法，只有教和学都是科学的、统一的，学生的学习质量才能有所保障。化学属于自然科学的范畴，在培养学生形成化学能力的时候需要使用自然科学方法论。具体而言，自然科学方法论涉及的学习方法有信息收集方法、信息处理方法、信息概括方法、信息应用方法，这些方法的掌握不是一蹴而就的，需要学生长期的学习坚持，教师要针对不同的学习内容、学习阶段、学习特点向学生传授合适的学习方法，教师要让学生掌握不同方法的应用情况，教师教学的时候要把化学概念、化学规律或化学公式的形成过程设计成探究活动，为学生提供全新的、可以吸引他们兴趣的学习方式。

（1）让学生模拟创新。教师需要分析化学概念、化学理论是如何形成的，通过分析形成过程可以提取理论或概念形成过程中不可错过的重要信息，利用这些重要信息，教师可以设计化学活动，可以让学生进行化学概念或理论的自主探索、自主分析、自主归纳。在学生模拟化学概念或理论的形成过程时，学生可以形成自己的化学思维、化学想法，通过自己的探索得出化学结论，教师需要对学生获得的结果进行评价。在模拟的过程中，学生进行了知识的新思考，对之前的知识进行了重新利用，进行了知识的二次创造。在学生模拟创新的过程中，教师对学生进行指导，使学生对信息进行更好的加工处理，让学生掌握了更科学的思维方式，通过创新模拟，学生形成了创新的思维、意识、习惯，自主学习能力有了明显提升。

（2）充分利用各种教学形式，如在板书设计上用列表法进行概念的比较，用框架图来表示知识网络，用联想进行发散性思维训练等，目的在于培养学生应用比较、分析、数量化、图表化等科学手段来处理信息。再如，让学生自编"化学手册"，要求学生学习一段时间就要将已学过的知识分门别类整理，将零散的知识归纳总结、寻找规律、整理思路。让学生通过这些自主学习活动，学习如何科学地收集信息和概括信息。

（3）让学生学会提问，则是学生理解、应用信息，解决新问题的良好途径。训练学生提有价值的问题，并找出解决问题的方法是思维能力较高层次的表现。提问要遵循从简到难的原则，可以是由点到面，由局部到整体的提问方式，这样能够拓宽学生的思维空间，使学生的创新能力得到培养。

4. 尊重学生个性发展

学生自主学习的过程和个性发展的过程是协调、统一的，学生的个性发展会促进学生的自主学习，在个性的指引下，学生会更有学习自觉性，当学生的自主学习到达一定的程度之后，学生的潜能会得到挖掘，也会反向促进个性的更好形成和发展。

但是，教育发展过程中一直有一个误区，那就是全面发展和学生的个性发展之间是对立的，即认为只有学生全面发展才是对学生有益的，这种认知是错误的，在真正的教学过程中，教师面临的是个性差别较大的学生，面对学生之间的诸多差异，教师需要更多关注学生的差异，做到因材施教，最好能够把学生身上的个性资源最大限度地挖掘出来，让学生可以借助自己的个体优势更好地成长。如果教师发现学生的文化课比较好，那么教师应该在原有的基础上对他们提出更高的要求，悉心培育这些学生的文化成绩。作为一名教师需要关注学生的个性，捕捉学生身上存在的闪光点，让学生在自己兴趣的引导下、在自己个性的支撑下进行自主的学习选择。换言之，教师要为学生提供可选择的发展方式，让学生的个性得到自由的展现。

5.实行课堂讨论法教学

讨论教学法完全把学生当作学习活动的主体，学生可以主动地获取知识，而不是被动地接受知识，这种方式体现了学生的主体地位。在化学课中，使用讨论教学法可以培养学生化学方面的创新能力，培养学生自主学习化学知识的能力。例如，在进行试卷讲评的时候，教师可以将学生分成多个不同的小组，让学生之间进行解题方法的探讨，当小组讨论结束之后，教师可以听取每个小组的汇报成果，组织试卷点评可以让学生有更浓的化学学习兴趣，可以让所有学生都参与到化学知识讨论，可以让课堂真正地焕发出学习活力、学习生机，可以解决之前教学过程中教师单一教学模式的枯燥。在这样的教学模式下，学生的思维也会变得更加多元，学生也会进行动态的思考，整个化学课堂的学习环境也是愉悦的、轻松的，更加有助于学生发展自主学习能力。

二、高中化学教学中的探究式学习设计

在科学高度发达、科技迅速发展的时代，在以进一步提高学生科学素养为宗旨的教育理念指导下，我国已经把培养人的科学素养、科学精神、科学思想和科学方法等列为教育的基本要求。《普通高中化学课程标准（实验）》明确规定，高中化学课程要有利于学生体验科学探究的过程，学习科学研究的基本方法，加深对科学本质的认识。在高中新教材中，有许多篇目的学习过程采用的就是探究式学习方式。

（一）探究式学习的特征

探究式教学的基本特征主要概括为以下五个方面。

第一，学生需要针对科学性问题进行相应的探究。科学性问题指的是针对客观世界当中存在的事件现象、生物体或者物体而提出的和学生当前学科学习有关的问题，科学性问题可以引导学生更好地开展科学实验，可以引导学生通过信息收集、数据分析对所观察到的现象进行科学的解释，虽然问题有一定的难度，但是，通过探索，学生可以在自己的努

力下获得问题的答案，这激发了学生的学习渴望。

第二，学习者获取可以帮助他们解释和评价科学性问题的证据。与其他认知方式不同的是，科学是以实验和观测来获取证据并以此为基础来解释客观世界内在规律的。在课堂探究活动中，学生也需要运用证据对科学现象作出解释。例如，研究浓度对化学反应速率的影响时，就可以回忆物质在空气和氧气中不同的燃烧现象，在其他外界条件均不变的前提下，相同物质在不同浓度时进行的多次实验，取得大量的实验数据。同时，学生也可以从教师、教材、网络或其他地方获取证据，来对他们的探究进行补充。

第三，学生需要根据实际的证据对问题作出解释，解答教师提出的科学性问题。问题的科学解释需要根据实际的探究现象、实际的探究结果进行推理，在对各种现象或者结果进行逻辑解释的时候，必须保证解释当中的内容或者说法和实际探索的现象或者获得的数据是一致的。在进行科学解释的时候，可以使用分类方法、分析方法、推论方法、预测方法，还可以使用批判性推理方法、逻辑推理方法，在获得解释结果之后，还要承受来自他人的质疑或者批评。

第四，学生会对比其他可能出现的解释结果，特别是解释结果科学性更高的那些解释，通过对比会对自己作出的解释结果进行评价、修正，有的会干脆直接抛弃自己的结果。这一点使得科学探究和其他的探究形式有明显的区别。对比不同的解释结果，需要学生参与结果讨论，需要学生进行结论的探讨、分析、对比，以此来验证自己的结论是否正确，这种方式需要学生将当前的知识结论和自己之前的知识建立联系。换言之，学生的解释最后应与当前广泛为人们所承认的科学知识相一致。例如，就水的沸点明显高于硫化氢，而不遵从结构和组成相类似的物质其沸点随相对分子质量的增大而升高之规律的事实，依据学生的思维进程推理性地就一系列的问题进行探究。

第五，作出解释需要进行科学的验证。科学家在进行解释交流的时候，会和彼此详细阐述具体的研究问题、使用的研究程序、得到的研究证据以及最终的解释结果，在清楚阐述这些相关要素之后，其他的学者可以对解释提出疑问，然后进行进一步的解释。在化学课堂当中，学生公布他们获得的化学解释结果之后，教师可以让其他的伙伴提出疑问，可以让其他的同学审查他们获得的证据是否正确，也可以让学生寻找是否存在逻辑思维方面的错误，其他的同学也可以根据该同学得到的结果或者观察到的现象给出不同的解释结果。在这样互相讨论与解释的过程中，可能会引发其他的问题，也有助于其他的学生进行逻辑关系的验证，通过探究与交流，学生可以解决彼此观点中的矛盾之处。

（二）探究式学习的指导和把握

探究式学习应从改变教师的观念开始，要求教师重新理解学习和教学，为促进探究学习而教学。探究学习强调学生的自主性，但并不忽视教师的指导。应该特别强调教师适时的、必要的、科学的、有效的指导。教师在指导学生探究时，不必追求科学家探究的水平，在科学探究的操作方法及操作技能上不必要求过高，这也不是教师指导学生开展探究活动的重点，而应当着眼于学生"基本科学素养"的提高。

具体而言，教师指导下的科学探究应该是以学科领域中的核心内容为依托，把重点放在以下四个方面：①通过探究满足学生的求知欲；②通过探究获得对身边世界的理解；③逐步获得对科学探究本身及科学本质的理解；④通过让学生学习作为探究之本质的那些共同的方面，那些具有广泛迁移价值的、在学生生活中和走向社会后也能有所启示和运用的共同的方面，如科学探究的基本过程、科学思维的基本方法，培养学生科学思维能力、锻炼问题解决能力及合作与交流能力，培养学生的科学精神与态度等一系列与科学的本质及人的观念有关方面的素质。

三、高中化学教学中的合作学习设计

20 世纪 70 年代初，美国学者提出了合作学习的概念，经过多年的发展，合作学习这一理念取得了实质性的进展，合作学习教育理念应用在教学过程当中可以改善教学当中的社会心理气氛，有助于学生学习效果的提升，而且还能够促进学生形成更好的非认知品质。所以，这一学习理念很快吸引了世界上其他教育学者的关注，它也逐渐成为重要的教学理论以及策略。

合作学习理论依赖的基础是社会心理学、认知心理学、教育社会学等方面的学科知识，它主要针对课堂学习过程当中的人际关系进行研究，它使用的教学方式是师生之间的小组活动，最终对教学效果的评价也是以团体成绩作为基础的，这种方式改变了班级的社会心理气氛，可以对班级学生产生影响，有助于整体班级学生成绩的提升，有助于学生形成优秀的心理品质，掌握高水平的社会技能，可以说这一理论不仅具有创意，而且非常有效。

通常而言，如果认真学习任务比较简单，那么，学生可以通过自主学习完成，教师也可以使用全班教学的方式进行简单知识的学习，但是，如果学习任务比较复杂，那么教师可以使用合作学习的方式，对于教学而言，无论是小组学习、学生的自主学习还是全班教学形式的学习，它们都有自己独特的优势和作用，是没有办法相互取代的。教师应该参照教学任务、环境、内容等因素选择适合的教学形式，与此同时，教师还可以将不同的教学形式结合起来，通过不同教学形式之间的配合开发出更加多样的学习方式，获得更好的学习效果。

（一）合作学习的要素

1．混合编组的要素

混合编组指的是将学生分成不同的小组时应该让一个小组内的学生尽可能地各具特色，尽可能实现不同学生之间的优势互补，换言之，小组的学生是有自己独特个性的。

在合作的过程中，不同的成员需要进行频繁的互动，也需要不同的成员为彼此提供支持，分享信息、分享资源。混合编组的方式使许多学生聚集在同一个小组中，小组能够获取到的信息也更为丰富，学生之间可以形成更多鲜明的观点，这有助于小组成员的良好发展。

异质小组指的是小组中的成员存在鲜明的不同，如性别、能力、成绩、民族等方面，这些方面的不同，使成员之间可以在能力上互补，一般情况下，合作学习小组中的人数为四个，包括学习好的学生以及学困生，其他两名学生基本是中等生。总而言之，所有的小组能力水平基本是相似的，每一个小组基本都是整个班级的一个缩影。与此同时，不同的小组之间存在高度的相似性，这样的组合为同学们的合作探究奠定了坚实的基础，不同小组之间的学生可以进行公平的竞争。

合作学习通常使用的是集体授课的教学形式，授课过程当中，整个学习小组是学习主体，这和传统的教学是不同的，合作学习的基础是小组学习，是小组活动的开展，但传统教学过程当中使用的基本是集体授课的形式，每个学生是单独的学习个体。在我国教学过程当中使用的合作学习方式基本涉及以下流程：首先，进行合作设计，确定合作的目标；其次，教师进行集体讲授，小组开展具体的合作活动；最后，进行结果的验收、结果的反馈或者修正。从这个步骤可以看出教师的集体授课是必不可少的，但是，又不能将合作学习当中的集体授课和传统课堂当中的集体授课进行等同，因为它们遵循的前提和基础是不同的，合作学习当中的集体授课时间比较短，信息量比较多，注重于激发学生的探究心理。

2．小组目标的要素

合作学习是以目标为导向的小组活动，小组成员以共同的目标为指引共同进行探索，在小组合作的过程当中，通过不同成员之间的分工合作、通过不同的小组成员的资料分享可以创建一个和谐的学习氛围。对于整个合作学习过程而言，小组目标是凝聚所有成员学习动力的内在因素，是可以将小组学习力量凝聚起来的关键。

合作学习指出学习的过程是学生个体内部学习需要得到满足的过程，当学生的学习需要得到满足之后，学生会认为学习过程是有价值的，才会产生继续学习的动力，才会获得好的学习效果。在合作学习交流过程中，不同的小组成员通过彼此的交流、观点的争论可以实现互教互学，可以在交流的过程当中共同提高，可以说这个过程是充满了温情、充满了友爱的。它就类似于课外同学们举办的竞赛活动一样，同学们通过彼此的帮助为自己和同学提供学习方面的需要，在学习的过程中，学生有非常强烈的成就感、满足感、归属感。

在小组讨论的过程中，所有人都有权利、都有机会来表达自己对问题的看法，表达自己的意见，也会听到他人的想法和意见，这有助于学生交往能力的培养，而且有助于学生融洽地和他人相处，和他人共同学习。在这个过程中，学生既可以获得愉快的交流体验，也可以获得知识。可以说，合作学习实现了学生认知、学生情感以及学生技能的同时掌握，合作学习有助于学生这三个方面的均衡发展。

3. 积极的相互依赖的要素

积极的相互依赖表示同一个小组的学生之间已经形成了积极的相互关系，所有同学都有一个清晰的认知，那就是小组内的其他成员和自己是共同进退的，是荣辱与共的，在这样的思想认知下，所有的学生都会承担起自己作为小组成员的责任，会对其他成员的学习提供帮助。具体而言，建立积极的相互依赖关系可以从以下方面着手：

（1）积极的目标相互依赖。在形成小组的总目标之后，应该将总目标进行分解，让每一个学生都可以承担一个或者多个小目标，只有所有的同学都共同努力，才可能实现最后的总目标，所以，所有的同学都承担一定的责任，也不存在不同学生之间的竞争，这种积极目标的设定方式可以调动学生的积极性。

（2）积极的角色相互依赖。为了完成小组任务，所有的成员要承担各自的责任，但不同的责任之间是存在关联的。换言之，每一个同学在小组当中都扮演着一个角色，不同的角色之间又存在内在关联。例如：组长这个角色，他要负责所有活动的协调组织；总结人，他主要负责将小组同学获得的结论总结起来；检查者，他主要是检查小组成员是否能够准确地说出小组探索出来的结论；联络员，主要负责本小组和其他小组之间或者和教师之间的联络；记录员，主要负责整个小组讨论过程的记录，并且写成讨论报告的形式；观察者，负责观察整个小组成员参与活动的状态，必要的时候需要提出建议，提高整个小组的活动效率。在进行角色分配的时候，需要考虑到具体的小组成员数量。

（3）积极的奖励相互依赖。小组任务的完成取决于每个成员任务的完成情况，只有所有人都达到了任务要求，才算是真正完成小组任务。如果每个成员都可以达到要求，那么小组成员就可以获得奖励，这种以小组为单位获取奖励的方式加强了小组成员之间的依赖，有助于小组成员互相帮助，实现共同进步。

（4）积极的资源相互依赖。所有组员掌握的信息或者资料都只是一部分，如果想要取得小组活动的成功，那么必须在不同的小组成员之间进行资料分享或者信息分享。例如，在有限的时间内一份阅读材料不可能所有的成员都完整地阅读，在这样的情况下就需要将阅读材料分配给每个成员，然后通过小组成员之间的交流，所有人都可以了解材料当中的内容。

（5）积极的身份相互依赖。合作小组内中学生具有的身份是相同的，他们使用同一个小组名称、同一个小组口号，这使小组成员对小组有非常强烈的认同感、归属感，小组会形成更强的凝聚力。

4. 个体责任的要素

个体责任指的是小组中的每个成员都必须承担自己作为小组成员的责任，只有所有的成员共同努力小组才能取得成功。教师需要让学生意识到自己对于小组活动的价值和意义，让学生意识到集体和个体之间的关联影响，要让学生形成责任意识，积极参与小组学习。具体而言，可以从以下方面进行个体责任的构建：首先，团体规模应该偏小。其次，应该建立积极的角色依赖。再次，应该建立积极的目标依赖，小组在完成一个课题时，课题最终的质量水平取决于每个成员完成子课题时达到的质量水平。例如，如果小组的目标是完成环境污染报告，那么可能需要不同的成员分别负责不同方面的污染，最终形成一份集合了水、空气、噪声、光等方面的环境污染报告。最后，随机提问，在评价整个小组完成质量的时候，需要对小组当中的成员进行随机提问，这样获得的评价结果是最公平的。与此同时，这种评价方式也会督促小组成员积极地参与活动，如果不积极，那么被抽到提问的时候，可能没有办法回答教师的问题，可能会影响到整个小组的评价结果。

换言之，所有成员的表现都会对小组成绩产生影响，这种群体荣誉感带来的压力会促进所有的组员认真参与活动；除此之外，还可以使用个别测试，如随机找一个小组成员，让他向所有的同学介绍他们小组使用的活动手段、活动方式、他们小组进行的探索内容、他们最终获得的解释答案，通过这种随机寻找小组成员推导整个探究过程的方式，教师可以完成对整个小组探究过程的测试。

5. 积极的相互作用的要素

积极相互作用指的是小组内部成员对彼此进行积极的鼓励。在合作学习过程中，学生的交流机会更多，交流方式更直接，换言之，学生可以获得最大限度的知识认知，虽然学生在活动过程中承担的是不同部分的任务，但是在最终任务汇总的过程中学生肯定要进行多次的交流，在这个过程中，学生就可以发生积极的相互作用。

6.小组自我评价的要素

为了让小组合作学习活动始终有效，小组成员必须对小组活动进行定期的评价。小组自我评价的要素主要有以下三个方面。

（1）总结成功的经验。教师应该引导学生分析小组活动为什么可以获得成功，教师也可以把获得巨大成功的小组活动过程呈现出来，为其他小组活动的开展提供借鉴。

（2）分析小组活动存在哪些问题，并且分析问题产生的原因。教师要引导学生重视问题，并且找到原因之后解决问题。

（3）明确小组未来的主要发展方向、发展目标。在吸取成功经验，解决小组活动过程中的问题之后，小组应该为之后的小组发展、小组目标的确定提出具体的要求，并且确定以何种方式完成目标、达到设定的要求。

总而言之，小组在自评之后，可以获得很多有助于小组未来发展的积极反馈，自评过程是非常关键的一个步骤，是合作学习当中不可或缺的要素。

（二）合作学习的特征

第一，组内存在差异，不同的小组之间存在相似之处。因为每一个小组成员的设置都是存在差异的，所以，从整体的角度来看，不同的小组之间是没有差异或存在大的差异的，基本构成都是相似的。一般情况下，国际合作小组探究过程当中，小组人数应该在四人到六人之间，但是，考虑到我国班级人数较多的实际情况，可以将小组人数控制在七人到八人左右。一般情况下，以两个人为一队，组成四对开展合作学习。小组合作的学习方式对教学空间、教学设施没有较高的要求，基本在教室当中就可以实现。

第二，将任务分割，最后进行结果的整合。合作学习在开展的时候基本都需要全部成员的共同参加、共同努力。换言之，无论是内容的学习还是结果的获得，都需要成员之间相互依赖，当教师把学习任务分成不同的小任务时，所有的成员都可以获得固定的任务，这个时候作为小组成员必须承担起自己那一部分任务的责任。与此同时，还要和其他的同学分享任务的完成情况、完成结果。除此之外，"团体探究模式""共同学习模式"，这些模式与合作学习基本是类似的，都是将任务进行分割，然后由不同的小组成员承担不同的任务，最后再将任务完成结果汇总。这种先将任务分割，然后再整合的方式可以保证所有的学生都能够获得资源，并且都能够进行信息共享，在合作学习过程当中，教师在最开始确定合作小组的规则之后，需要在各小组开展合作活动的时候积极介入活动，观察学生的活动状态，为学生的合作活动提供支持和指导。

第三，个人计算成绩，将成绩相加作为小组的总分。之前进行小组合作学习时，通常所有的活动是由学习水平比较高的学生负责的，但是，现在的小组合作学习要求所有人都必须完成自己的任务，然后将所有人的个人得分加起来作为小组的总分，和其他的小组进行比较，所以，小组成员为了不拉后腿只能激励自己，在平时多努力，同时，小组成员为了获得更好的分数，也会帮助小组内学习水平比较差的学生，这样就实现了所有人的共同进步。

第四，公平竞争，在合理的范围内进行比较。虽然小组合作一直强调学生之间的协调配合，但是，也不抵制同学之间的合理竞争。有的时候合作学习也会把原来的小组分配打乱，重新分成不同的测验组，用来进行竞赛。例如，会把成绩比较好的学生放在一个组别当中，且不同的组别设置不同的难度，每一个测验组中的成员获得的成绩都会对原来合作小组的总成绩产生影响。所以，即使是竞争的形式，学生也是会受到激励的，会形成昂扬的斗志，为了自己小组的荣誉积极表现。

第五，分配角色，让所有的学生都能够享受到领导和被领导的感受。例如，在不同的学科、不同的小组活动任务当中，学生的角色可以轮流互换，这样可以让所有的学生充分体现不同角色的职责和任务，可以锻炼学生领导小组、规划活动等方面的能力，通过角色的轮流呼唤，学生方方面面的能力都能得到锻炼，有助于学生的协调成长、全面发展。

（三）合作学习的模式

第一，学生团队学习模式。这种模式下，小组内的成员一般是 4 ~ 6 人，成员的个人学习成绩、性别、民族等都不同。在这种学习模式下，教师需要先给学生需要的学习材料，然后让学生通过小组的方式学习，教师会根据具体的学习内容对学生展开测验，在测验的过程中，所有的学生不可以相互帮助，教师会将他们本次的测验分数和之前的测验分数进行比较，教师会将学生这次的成绩和之前成绩之间的差距记作学生的分数，最后将所有成员的个人分数相加在一起作为小组的最终得分。如果小组最终得分达到了教师设定的标准，那么小组就可以获得相应的奖励。

第二，共同学习模式。要求学生在 3 人或 4 人的异质小组中学习指定的作业。小组共交一份作业，教师依据小组的成绩给予表扬和奖励。其教学程序是：教师将教学目标具体化，划分学习小组并分配角色；教师就学习任务进行解释，特别强调小组的目标；学生在各自的小组中共同努力以达到小组的目标；教师或学生对学习成绩和小组活动进行评价。

第三，团体探究模式。一般会分成六个阶段：①教师确定将要学习的总课题；②组织研究团体；③研究团体成员共同计划活动，确定研究对象、程序、角色分工，自行分成 2 ~ 6 人的小组活动；④小组开展调查和探究，个体收集、分析资料，相互交流信息和观点；⑤小组向全班进行报告；⑥教师和学生合作，对探究过程和结果进行评价。

第四节　基于核心素养的高中化学教学设计

一、基于核心素养的高中化学支架式教学设计

（一）基于核心素养的高中化学支架式教学设计思路

1.确定目标，创设情境

这里所说的教学目标是指能够在一堂课上完成的学习结果，主要落实在教师的教案中，但不等同于教学目标的实现单单依靠教师的"教"。新课改更强调学生的"学"，与"教"相呼应。经验丰富的老教师教学思路清晰明了，他们对如何完成知识点的讲解考虑得较充分，遇到底子较差的学生反而起不到预设的效果；相比之下，新教师教案的缺点是：流于形式，虽然会较多考虑学生的能力，但是发现实际问题花费的时间比较长。为更好地进行具体教学内容，经过听老教师自己独立备课、小组评审等环节后，新教师确定适合学生实际的教学目标。

情境教学作为一种教学思潮或者教学资源，对教师的专业素质和生活经验提出了较高的要求。教学目标作为教学的指导，在教案上却只是简单的文字概述，对学生缺乏吸引力。如果教师利用生活中的化学知识创设具体的教学情境，由浅入深地铺设教材内容，将课堂的学习主权还给学生，将潜移默化地提高学生的学习兴趣。因此，为了更好地创设情境，教师选择材料时要从学生身边的事物出发，哪怕小到学生水杯、水杯里的水、水杯上的图案都可以，尽量贴近学生的生活经验和认知能力。

另外，化学与科技的发展密不可分，创设化学教学情境就要与当前科技发展前沿保持一致，调动学生学习化学知识的好奇心，但选取的资源一定要与所教的课程内容具有联系性。目前学校的每个教室都配备了多媒体教学设备，给支架教学提供了展示的平台，可以充分利用。

2.形成问题，有效提问

新课标中也提倡教师设置问题，引发学生的思考行为，拓展学生思维想象空间，通过知识的内在联系把握智力与思维的关系。此外，除了教材上现有的问题资源，社会热点也是形成问题的不错选择。知识源于生活，更要运用到生活中去，这也是活学活用的基本要求。对于化学教师而言，要结合课堂内容，将知识、技能与情感考虑到教学设计中，逐步

引导学生运用化学知识进行具体分析，使化学课堂充满活力。

化学教材内容覆盖面大，如果对知识不分主次、事无巨细、一味追求面面俱到，也只是蜻蜓点水、难以突出重点。因此，给学生设置疑问是教师的教学策略，向学生提问则是落实想法的具体教学行为。在化学课堂教学实践中，衡量教学质量的重要指标就是教师对重难点的把握和突破。提问是整个过程的重要教学行为，有效的提问就像化学反应中的催化剂。首先，提问时要把握问题的难易程度，让学生能够"想一想，说一说"，充分激发学生的兴趣和能力；其次，要把握广度和深度，让学生在了解的基础上，深刻透彻地理解问题所包含的知识点。因此，要结合学生特点，分析知识的层次结构，设置不同的问题，掌握提问方式才能生成有效的教学资源，提升教学效果。

3.铺设支架，引导探究

学生是学习这条道路上的探索者，教师则是路上的"明灯"，照亮他们前行的方向和道路。支架式教学的目的就是通过教师给学生铺设支架，引导学生进入学习的氛围，提供相关的学习材料，与学生一同解惑。铺设支架要贴近学生的兴趣和知识水平，符合学生认知发展的建构特点。同时支架的类型和内容也可以灵活变化，通过多个支架的串联形成知识框架图，完善学生化学知识体系的意义建构，超越"最近发展区"，提升其学习水平。

现代教学理论提倡探究式的教学和学习方式，独立探究能更好地帮助学习者获取知识和技能。化学本身就是从实验的基础上发展而来，化学课本知识理论化、分散化，题目的表述千变万化，注重学生对化学知识隐含的实质内容的理解。化学课堂更注重学生对课堂知识的自我探究，对学生的思维、实验、计算等能力提出了较高的要求。学生在课前，需要对教学内容进行预习，了解基本化学概念，在课上对典型的例题进行演练。通过这种方式发现教材中的内容隐含的问题答案，却又不是解决所有化学问题的标准答案，引发学生对知识点的归纳，综合运用所学知识得出正确的结论或是数字。

4.协作学习，解决问题

根据最近发展区理论，学生的学习也需要通过学习伙伴的帮助，共同协助来提高。协作学习相对于独立探究，优点是有利于培养学生的合作能力、团队意识，增强集体归属感，提高日常的人际交往能力。

新课标也强调每个学生都是独立发展变化的个体，个体之间不论是在生理，还是在心理上均存在差异，对于同一个问题的理解会不同；而协作学习是将每个人的观点去粗取精，求同存异。"化学课堂虽然密切联系生活，每个人的生活经验必定影响着学生的思维活动，当学生对问题进行激烈讨论的时候，教师应予以指导性的建议，通过集思广益的方式共享思考成果，帮助学生更好地解决之前提出的问题。"[1]

5.师生交流，效果评价

师生关系对教学活动的影响不容忽视。事实上，不少教师与学生的关系并非很融洽。当前不少教师在课堂上沉醉于讲课，对学生的要求仅限于机械化的听、记、写，忽视了学生学习的主动性，就连课间休息时也鲜有学生来办公室向教师请教。过多的课业负担、缺少他人的理解等因素导致师生抵触的现象时有发生，这便要求教师认真分析不良师生关系产生的原因，对症下药。

根据学习动机原理，进行合适的评价能够帮助学生融入课堂。青少年时期的学生具有创造性和自我意识，有自己的爱好和心理，也善于创造，他们自身的每个方面都潜藏着巨大的发展空间，有可塑性。课本的知识不能满足生活对学生的要求，化学教师在掌握专业知识的基础之上，还应加强与生活的联系。对于课堂中扰乱课堂行为的学生，教师控制住自己的情绪，换位思考，善于听取学生的建议，发扬教育的民主性。无论这节课上讲得成功还是不成功，教师和学生都共同参与了这个过程。因此，教学评价应包括对"教"和"学"的双重评价。

（二）基于核心素养的高中化学支架式教学设计内容

教学任务展开之前，教师需要预设教学目标以及规划学习内容，起辅助的作用；学生的知识、能力以及认知制约着教学的效果，影响教学目标的达成，占主体地位。展开基于核心素养的支架式教学设计内容研究，也需要着重考虑。

1.分析学生学情

下面以"常见金属及其化学性质"为例，来分析学生学情。

（1）知识水平：初中阶段，学生已学习过常见的燃烧反应，如碳燃烧生成 CO_2。知道一些常见的金属，如 Cu，Fe，Ag。见过铁钉的生锈，了解金和银的稳定性。

（2）技能水平：初中阶段，学生学习过常见气体（O_2，CO_2）的制取，虽然了解但是不熟悉实验的操作步骤，这时学生已经初步具备观察现象、提出问题、分析问题、解决简单问题的能力，这些基础给学生动手实验提供了技能上的支持。不但建立在化学学科的特点和初中化学水平的基础上，更通过实验引入教学。因此，教师不仅需要设计适合学生动手的实验，更要完善并规范实验的步骤，包括观察、记录、分析和总结都要对学生做出具体要求。

① 杨庆利.基于核心素养的高中化学支架式教学设计研究[D].聊城：聊城大学，2017：22.

（3）思维水平：初中阶段，学生对化学物质的认识停留在宏观物质上，对化学实验的认识停留在表面现象上，对物质化学性质的认识尚未建立。抽象思维发展迅速但不平衡也不稳定。因此，应在学生学习物质的量时，建立宏观物质与微观粒子的桥梁；然后学习电离与氧化还原反应，从电离的角度重新认识酸与碱。结合以上知识来学习金属 Na 的化学性质，并运用类比的方法学习 Al 和 Fe 的性质。在遇到三者具有差异的知识点的时候，运用对比的方法，逐步认识事物的矛盾性和统一性。

2. 设计教学目标

"教"主要是指对教学目标的实现、教学过程中教师的教学活动设计、教师的具体教学行为进行评价；"学"主要是指对学生所学知识的理解、使用及课堂行为及表现的评价，因此，教学目标必须有具体性，才能落实到实际的教学中去。

3. 教材内容分析

（1）分析知识内容及联系。每所学校都会针对自身情况选择合适配套教材，当任课教师拿到这些教师用书，并不等于说可以在课堂上直接照搬他人的设计和选用的教学策略。首先，应当分析该部分内容在化学教材中的地位以及作用，帮助学生从整体角度去认识本节课将要学习的内容，形成一个初步的认识框架。其次，分析知识自身的结构。因为任何编者在编写教材时对于知识的编排总是要遵循一定的逻辑结构，所以教师要剖析到每一章、每一节，甚至每一个小知识点并将其编排有序。最后，充分发挥教师的创新能力，选择组织这些内容的策略，通过表格、思维导图等方式体现在板书上。

（2）确定重点和难点。课堂上教师需要把握的是对重点知识的讲解，是这节课最难消化的知识，或者说学生通过这节课应该能够掌握的最主要的东西。教材中的难点则指大部分学生离开教师的讲解，甚至在教师讲完以后仍旧难以理解和掌握的知识。需要注意的是：在分析和确定重点、难点时，教师需要注意学生的最近发展区，创设有利的教学情境。

（3）挖掘知识的潜在价值。如今的化学教材，注重从学生的生活经验出发，这是学生容易产生兴趣和认知冲突的地方。教材、学生、教师、教室等这些学习资源都是相对固定的，但是作为学习者，教师相比学生除了具有专业的学科知识外，还应具备深厚的生活科学素养。

（4）学习支架设计。对学习支架进行分类，可以帮助教师有针对性选择合适的教学资源，资源的隐含价值核心素养可以延伸课堂的知识层面，满足学生发展不同层次的需要，充分发掘教学。

二、基于核心素养的高中化学大单元教学设计

（一）基于核心素养的高中化学大单元教学设计思路

第一，结构化的教学单元设计。结构化大单元设计要求优化课堂教学结构，包括课堂教学内容的结构化、教学知识之间的关联化、学生学习思路结构化以及核心素养观念结构化。课堂教学内容结构化是从基础的课程知识学习向着核心素养转变的关键性内容。"核心素养体系"的构建是结构化单元教学设计的最终落脚点，即以基础知识以及能力作为学习的基础，强调学习的难点与重点，通过情境创设、逻辑性问题设置来科学合理地开展教学活动，帮助学生们构建知识体系。教师在课堂教学环节要融入趣味性、生活化的课堂知识点，将化学的日常应用案例引入课堂，从"大化学"的角度帮助学生认识化学对社会发展的必要性，鼓励学生动手实验，激发学生的学习乐趣。

第二，单元教学设计的模型。单元教学结构包括分析、设计、开发、实施以及评价几个步骤。"单元教学设计的结构模型从核心素养的视角出发，着重提高学生们的分析能力、设计能力、解读能力，并对他们的各项成果进行评价。"[①]分析是指教师对学生们的实际学习情况、心理思维特点以及核心素养等进行深入分析。设计主要是设计单元教学的流程图、单元教学目标、不同课时的教学目标、教学情境、逻辑性问题以及多样化的学习活动。开发主要是针对结构化的单元教学设计步骤而言的。实施是将单元教学设计制订的各项计划落实到位。评价则是对学生们的练习情况、作业情况、预习效果以及测试情况进行评价，并给予反馈。单元教学设计的五个环节并非独立存在，而是紧密联系、相辅相成的。

（二）基于核心素养的高中化学大单元教学设计方法

在设计教学流程的时候，教师需要参考学科核心素养。以核心素养为基础的化学单元教学设计可以划分为以下步骤：确定教学主题—制定教学目标—凝练教学内容—设计科学合理的教学活动—完善教学评价—开展教学反思。这些单元教学环节并非单一存在，而是存在内在的联系，例如，教师在教学目标的制定过程中要综合考虑学生的课堂学习习惯，并设计学生乐于接受的课堂教学方式，同时要考虑到此种教学方式预计能达到怎样的效果、教学评价是否与教学计划相吻合等。在设计教学活动的时候，需要考虑实施计划，然后根据教学反思重新制定教学目标，实现一个循环的教学路径，做到单元教学设计的动态调整。

1. 明确教学主题

在践行化学学科核心素养以及制定相关学习活动的时候，教师需要以教学内容为核心。

---

① 武艳. 基于核心素养的高中化学大单元教学设计探讨 [J]. 安徽教育科研，2022（21）：48.

在制定化学单元教学计划的时候，需要将核心素养以及高中化学新课程标准作为参考，将核心素养的培养要求、学生的认知特点和实际学习情况以及授课情况等内容综合在一起，进而选择合适的知识模块，确定最终的教学主题，为后续一系列教学环节的实施提供指导。

（1）化学新课程标准分析。在新课程改革不断推进的过程中，教师根据高中化学新课程标准，就化学课程的属性、课程教学阶段性目标以及最终目标、教学内容结构进行深入的分析与研究，思考各个教学环节以及教学整体计划如何达到最终的教学目标。

（2）化学学科核心素养的培养要求分析。化学学科核心素养的内容囊括了五个要素，这五个化学要素又可以划分为四个水平。教师对于核心素养的具体要求有了一定了解之后，便可以有机地选择恰当的教学主题。根据教学主题来创设科学合理的教学情境、逻辑性问题、教学探究活动，进而制定不同维度的学习目标，这对于课程教学质量的提升有着很大的帮助。

（3）学生的认知特点和实际学习情况分析。无论是新课程改革还是核心素养的确定，其最终的目标都是育人。学生是教学活动的主体，也是各种教学活动的参与人员和探究人员。因此，教师在确定教学目标、主题以及制订、实施一系列教学计划的时候，都需要遵循以生为本的理念。

2. 确定教学目标

高中化学新课程标准明确提到教师要深入了解化学核心素养的内涵，以化学核心素养为基础来确定教学目标，然后有目的地开展相关的教学活动。在化学单元教学设计的过程中，单元教学目标的确定是基础，单元教学目标是开展相关教学活动的媒介。教师在制定教学目标的时候，会涉及整体单元教学目标的制定以及单元教学目标的分解两部分内容。

制定整体单元教学目标的时候，教师需要遵循整体性以及逻辑性的原则，能够从深层次认识到单元教学目标的制定，并非单纯地将各个课时的教学目标结合在一起，而是要达到"1+1+1 > 3"的效果。以高中化学核心素养、学生学情、课程教学标准、教学评价标准为指导而制定的化学教学目标更加符合学生们的实际需求，进而提升他们对于化学学科属性的认识、探究意识、创新能力以及科学精神等。除此之外，教师还需要对教学目标最终达到的效果进行猜想，预设在教学过程中可能出现的各种情况，然后找到相应的解决对策以及评价方式，保证在大单元教学设计之中，做到教学评的一体化。

3. 凝练教学内容

学生们首先接触的化学学习资料就是教材，因此，教师需要在把握住旧教材知识体系的基础上，明晰新课程、新教材的教学思路，保证教学内容能够满足新课程标准以及学业水平的要求。同时，教师还需要根据高中化学课程标准选择合适的教学资源来完善化学教材之中缺乏的内容。教师需要根据教学主题的差异来选取不同的教学内容，这十分考验一线化学教师们的教学组织能力以及教学设计能力。

4. 设计科学合理的教学活动

高中化学大单元教学设计与整个单元的教学内容脱离不开。教师需要在掌握单元教学主题的基础上，对单元教学内容进行科学合理的设计。在单元教学活动设计的过程中，教师需要了解整个单元教学内容的整体框架，然后明确教学主题，找到不同课时教学内容之间的联系，构建完善的单元知识框架和知识体系。针对不同的教学内容，教师需要设计合适的教学活动，无论哪种教学活动，教师都需要将学生作为主体，体现出以生为本的理念，让学生们借助小组合作、探究合作等方式进行学习。教师要了解学生们的学习基础，进而创设教学情境，设置具有逻辑性和层次性的问题。

（1）创设教学情境。在创设教学情境时，教师首先要明确大单元的主题，选择与教学内容紧密结合的情境。多样化的情境创设各具优势：借助生活化的情境可以培养学生的社会责任感；借助信息技术创设音乐情境可以活跃学生的思维；利用化学式来创设教学情境，可以升华学生们的探究思维；借助化学实验来创设情境，可以提高学生们的问题分析思维，等等。无论是哪种情境，内容都需要与单元教学主题相关。

（2）设置具有逻辑性、层次性的问题。在问题创设过程中，教师要把握学生的化学基础知识掌握水平以及思维认知能力，根据他们的最近发展区来创设问题。教师要遵循由浅入深、由简到繁的原则，循序渐进，这样能够形成一个完整的问题链。学生在分析问题的过程中，要结合以往的知识点以及生活、学习经验，来对问题进行假设、推理、分析，最终提出解决问题的具体方案，获得新的知识和能力。

（3）设计教学活动。学生们是参与活动设计的重要主体，在开展相关的学习活动时，要尽可能保证教学活动的开放性和多样性，以此来促进学生自主学习能力的提升。同时，教师还要从核心素养的视角来设置问题，引导学生充分利用各种科学的方法，培养他们的宏观辨识与微观探析能力、变化观念与平衡思想、证据推理与模型认知等能力。

5. 完善教学评价

将化学学科核心素养作为单元教学评价的重要内容，教师需要在以下方面进行努力。

（1）化学日常学习评价。教师在日常的教学活动中，可以采取的教学评价方式包括小组互评、学生自评以及教师主观评价等。为了保证学生以及教师评价的科学合理性，需要将教学评价量表融入其中。学生以及教师基于教学评价量表中的内容，根据评测对象的实际表现来给出相应的分数。

（2）作业练习评价。该种评价主要针对的是课堂测验以及课后作业练习情况。教师根据学生们的学习薄弱项安排相关的练习题，帮助他们形成化学核心素养。

（3）单元知识学习情况评价。评价的方式包括单元知识问答、单元知识体系梳理、单元模块活动开展，以检测学生们对于单元知识框架的掌握情况。

（4）核心素养养成情况评价。教师为学生们准备高考的经典试题，让学生们自己进行探究和解决，在项目实践的过程中，进行专业知识再获得。

6. 开展教学反思

高中化学教师进行教学反思是加强化学教师专业发展的途径之一，也是提高教师学科素养的途径之一。教师作为课堂教学活动的组织者，应定时进行教学反思。从教学反思中提高教学能力、解决教学实践中产生的问题、激发学生的学习兴趣，从而提高化学学科教学的有效性。

三、基于化学学科核心素养的高中化学教学设计

（一）基于化学学科核心素养的教学设计理念

1. 教学目标的理念

"宏观辨识与微观探析""变化观念与平衡思想""证据推理与模型认知""实验探究与创新意识""科学态度与社会责任"五个方面是基于化学学科特征，学生所需培养的价值观念、必备品格和关键能力，这些要素之间相辅相成，具有内在的本质联系，是学科观念、思维方式、科学实践和科学价值的统一。教学设计中的教学目标，是这个五个要素的下位目标。

对于课堂教学而言，教学目标才是真实教学的出发点和归宿，对整堂化学课起着支配和调控的作用。一堂课的时间是有限的，然而化学学科核心素养的养成是一个不断发展、前进的过程。因此，教师应该充分挖掘每个学段、模块、主题和课时目标中的契合点，进行有机的整体规划和设计。例如，在对非金属及其化合物等元素化合物知识进行学习时，一般而言，首先是基于元素原子结构的认识，推导元素在自然界中的存在方式；其次是对其常见化合物（氧化物、盐）的性质进行猜测（从用途或者化合价方面）、设计实验方案和实施实验，得出结论；最后是探讨相关物质的工业制取、生活用途。

2. 教学情境的理念

教学设计中关于师生的互动环节，大多数都是建立在问题解决过程中。教师将教学内容转化为一个个连续的问题，通过生动化、具体化、形象化的情境创设来开展教学。在真实的社会文化背景中，可以帮助学生从自己已有的知识经验、情感经验等去内化当前接触

到的新知识，从而建构新的知识结构。同时这样的教学设计引发了学生的认知需要，调动了其内在学习动机，以便学生在实际生产生活中对所学的知识进行迁移和运用。

3. 教与学的基础理念

学科核心概念是发展学生学科观念和思维的必要载体，是开展探究活动的素材，是解决学科问题的工具。学科概念是一个大的结构图，能随着学段的发展而逐步深入，是贯穿学科课堂教学的根基。所以在化学教学中，开展基于核心概念的进阶学习，是培养学生化学学科核心素养的重要途径。

4. 学习与教学方式的理念

"学习任务"是连接核心知识与集体知识的桥梁和纽带，是实现知识结构化的重要环节。一个课时一般包括多个学习任务，每个学习任务重视和发挥素养的导向功能。"学习任务"的完成发展了学生的化学学科观念和思维，有利于核心素养的培养。每个学习任务下，涉及 1～3 个不同的学习活动，根据本课时的内容，设计活动指向学生的能力进阶，学生在解决问题、参与活动的过程中发展化学学科核心素养。

例如，探究物质性质的教学内容中，一般会把任务分为四个活动板块：①课前查阅资料，学生预测物质的性质，设计相应的实验方案，诊断学生的探究水平；②小组代表进行说明和解释，教师补充和引导，从基于知识经验和实验经验的基础上过渡到基于元素化合价、物质分类的基础上去认识物质的性质和设计实验方案；③对书上验证的实验进行改进，使学生设计方案的能力从单一水平发展到系统水平；④根据实验现象，得出结论，发展学生实验的推理能力。

5. 教学评价方式的理念

基于化学学科核心素养的教学设计，最大的亮点就是"教、学、评"一体化。化学日常学习评价和学业成就评价是主要的化学学习评价方式。"素养为本"的化学学习评价目标的确定需要建立在学生化学学科核心素养的发展水平和学业质量标准上，在教学过程中强调过程性评价和结果性评价的有机结合，同时倡导学生自评、互评、教师点评等方式，充分发挥评价的激励和导向功能。

在实际的课堂活动中，常用的是化学日常学习评价，是实施"教、学、评"一体化的重要途径。化学教师以发展学生的化学学科核心素养为主旨，注重教学目标与评价目标、学习任务与评价任务、学习方式和评价方式的整体性设计。首先，通过学生自主学习、小组合作讨论、小组展示、方案设计和改进等活动中的表现，采用提问、点评等方式，对学生相关知识点的学习水平和学习质量给予准确的把握，或者及时消去学生可能出现的学习误区；其次，给出进一步深化的建议（化学日常学习评价的作用不可小觑）；最后，单元与模块试题的命制应以学业质量标准的要求为依据，营造出具有情境性和综合性的化学问题，为学生提供素养表现的机会。

（二）基于化学学科核心素养的高中化学教学设计实践

基于"素养为本"的教学设计理念，结合化学学科的特点和所选教材内容，一共设计了四个基于"素养为本"的化学教学设计，以下主要从教学与目标、教学与评价思路、教学流程三个方面进行论述。

1. 基于"素养为本"的"硫及其化合物"的教学设计

"硫及其化合物"是高中化学元素及其化合物中的重要内容之一。硫元素是一个典型的非金属元素。硫及其化合物在生产生活中应用广泛，借助这个内容的学习，可以建立基于物质类别、元素价态和原子结构预测和检验物质性质的认识模型，发展物质性质和物质用途关联、化学物质及其变化的社会价值的认识水平，提高解决实际问题的水平。

"硫及其化合物"的教学设计思路包括：首先，课前给学生布置任务，查阅关于硫及其化合物的知识，启发学生进行自学，初步认识硫及其化合物之间的转换关系，了解酸雨的产生和危害；其次，如何防治酸雨，必须先了解二氧化硫的性质，采用先预测性质；再次，提出实验的方案，小组实验，观察记录，验证性质；最后，在了解了性质以后，再解决酸雨的防治问题，就显得顺理成章。

（1）教学目标。

第一，通过实验探究二氧化硫的主要化学性质，初步建立基于物质类别，元素价态和原子结构预测和检验物质性质的认识模型。

第二，通过含硫物质及相关化合物之间的转化关系的认识过程，建立物质性质与物质用途的关联。

第三，通过设计工业制取硫酸的主要步骤、提倡减少酸雨形成等活动。感受化学物质的及其变化的价值，同时辩证地认识化学物质，进一步增强合理使用化学物质的意识。

（2）评价目标。

第一，通过对学生课前布置的查阅和交流的信息数据分析，诊断学生探究物质的性质的实验水平和认识物质的水平。

第二，通过对二氧化硫漂白的实质、溴水褪色和酸性高锰酸钾褪色等实验设计方案的讨论和点评，发展学生关于物质性质的实验探究水平。

第三，通过对含硫物质之间的转化关系的交流与点评，诊断并发展学生对物质及其相互转化思路的认识水平。

第四，通过对工业上制造硫酸的设计方案，提倡减少酸雨形成活动的讨论与点评，诊断并发展学生解决实际问题的能力水平及其对化学价值的认识水平。

2.基于"素养为本"的"化学键"的教学设计

化学键是高中学习阶段的核心概念之一，化学键的形成过程揭示了原子形成分子或物质的微观的动态过程，反映了化学反应的实质，利于学生从微观角度认识宏观物质和化学反应，是培养学生宏微结合、变化守恒等学科思想的重要概念。为后面进一步学习化学反应中物质变化的实质、能量变化的原因等理论奠定基础。通过学习，可以建立基于原子结构、化学键类别去认识物质的认识模型。

"化学键"的教学设计思路包括：首先，从水的三态（固态、液态、气态）与温度的关系、与能量的关系变化着手，引出化学键的概念；其次，借助水分解时能量的差异，引导学生利用实物模型进行化学键的建构，认识化学键的形成过程及特点；最后，再以化学键为视角，进行物质的分类学习。整个过程主要是以模型的建构、模型的分析和模型的应用进行开展，帮助学生建立化学键的概念。

（1）教学目标。

第一，通过分析生活中存在的现象（水变化、水分解）认识化学反应的特点。

第二，通过水分解的微观模型的建立，建立从微观视角（原子、分子、粒子）认识物质结构的认识模型。

第三，通过用电子式表示化学反应的形成过程，建立学生"三重表征"的思维方式。

第四，通过以化学键的视角对物质进行分类，建立学生基于不同角度去认识和辨析物质的结构和性质。

（2）评价目标。

第一，通过对水三种变化（水融化、水汽化、水分解）与温度（℃）的关系、水三种变化与能量（kJ）的关系，诊断并发展学生化学学习和化学研究的方式（整理、处理数据）。

第二，通过对水分解的微观模型的分析和探讨，诊断并发展学生对化学反应本质的认识进阶（微粒）和认识思路的结构化水平。

第三，通过对电子式表示化学反应的过程，诊断并发展学生"三重表征"的思维方式，提升对化学概念的理解，提高化学学习水平。

第四，通过对物质基于化学键的角度分类，诊断并发展学生利用不同分类依据从不同的角度对化合物进行分类。

3. 基于"素养为本"的"化学能与电能—原电池"的教学设计

"原电池"是高中关于能量转化的重要内容，是学习电解池、金属的腐蚀与防护等的基础。前面已经掌握了氧化还原反应的特征与本质，常见的金属活动性顺序、离子反应和电解质的电离等内容，为探究"原电池"的能量转化原理提供了一定的理论基础。在生活中，学生也常常接触到相关的电子产品，对电池也有一定了解，引导学生认识化学能转化为电能的条件以及过程，采用化学史融入的方式，营造科学探究过程，帮助学生建构原电池的相关概念。

"化学能与电能—原电池"的教学设计思路包括：首先，从与生产生活紧密相关的"火力发电"出发，了解能量的变化是守恒的；其次，如何将化学能转化为电能，就必须了解原电池，采用的是融入科学史的方法，通过角色扮演去体验伏打电池的发现之旅，经历观察、假说、推理等科学探究过程；再次，在了解了原电池的形成过程以后，实验探究铜—锌原电池的能量转化本质；最后，布置课后自制电池的实验，进行实践练习，巩固所学。

4. 基于"素养为本"的"乙酸的酯化反应"的教学设计

乙酸乙酯的学习是建立在烃的衍生物醇、醛之后，基本上了解了这些烃的简单含氧衍生物的结构特点和性质，为学生奠定了一定的基础。从简单的有机原料到酯类，这个过程是层层深入的，涉及一系列的有机合成反应，其中酯化反应就是其中重要的反应之一，为后面的选修模块的学习奠定基础。本课时的重点探究是酯类物质形成的微观视角，了解酯化反应本质的认识过程，构建有机反应的认识模型。

"乙酸的酯化反应"的教学设计思路包括：首先，从生活中常见的酯化现象为突破口，认识到自然环境下的酯化反应有"慢、可逆、产品不纯"的特点；其次，如何才能设计出"多、快、纯"的实验方案，根据影响化学反应速率的因素，进行方案设计；再次，利用同位素示踪法，探究酯化的微观本质，进一步认识酯化反应；最后，结合学过的有机反应，引导学生认识工业上利用乙烯制取乙酸乙酯的工艺过程，培养学生创新和实践能力与正确对待化学资源的态度。

（1）教学目标。

第一，通过实验探究日常生活中存在的酯化现象。

第二，通过酯化反应本质的认识过程，建立酯化反应的认识模型（微观视角）。

第三，通过设计工业上生产乙酸乙酯的活动方案，感受酯化反应的价值，形成从资源、环境、经济等方面考虑日常生产活动，发展创新能力。

（2）评价目标。

第一，通过针对酯化反应的"慢、可逆、产品不纯"，讨论设计出"多、快、纯"的实验方案，诊断并发展学生实验探究水平和创新意识。

第二，通过对乙酸乙酯的合成反应的分析和探讨，诊断并发展学生对酯化反应本质的认识进阶（元素、微粒）和认识思路的结构化水平。

第三，通过对工业上生产乙酸乙酯的设计方案的谈论和点评，诊断并发展学生解决实际问题的能力水平及其对化学价值的认识水平。

第五节　微课在高中化学教学中的设计与应用

一、微课在高中化学教学中的设计

微课的设计需要从具体的课程出发，首先，确定微课的目的；其次，选择具体的呈现媒介，围绕课程内容设计微课的学习资源；最后，根据文献调研及教学实践。微课在高中化学教学中的设计大致包含目标、内容、过程以及实施四个部分，各个部分相互关联。

第一，目标确立是基础。在设计高中化学微课之前，需要对课程、教学以及学习的目标进行分析并确定微课的目标，明确微课在高中化学教学中需要起到的作用。

第二，内容设计是核心。在设计高中化学微课之前，需要对教学内容的知识体系以及难点进行分析，微课的内容需要围绕高中化学知识体系以及难点来设计。

第三，过程实现是手段。高中化学微课的制作，通常可以分为主题、模块、内容、脚本以及整合五个部分。

第四，课程实施是途径。高中化学课程的实施，需要借助于其他的软、硬件来实现，如制作和播放视频的设备、平台以及软件等。

二、微课在高中化学教学中的应用

在高中化学教学中，可以采用微课的形式来更高效地呈现教学内容。下面以《硫、氮和可持续发展》的教学为例，就微课在教学中课前、课中、课后的应用进行探索。

（一）微课在高中化学课前的应用

在第一单元《含硫化合物的性质和应用》的教学过程中，主要教学生认识生活以及工业中常见的含硫化合物及其性质。为了给新课程进行铺垫，在课前教师，需要先对含硫化合物及其性质的难点进行梳理和分析，为了让学生更为直观地了解含硫化合物的性质，教师要事先制作关于验证含硫化合物性质的视频，并根据视频的内容标出学生根据视频需要完成的任务单。

第一，视频一的主要内容是：将不同浓度的硫酸分别添加到碳酸钠溶液中，录制反应过程及现象。从视频中可以看出，将浓度较小的硫酸添加到碳酸钠溶液中时并没有明显的现象出现，但是，当浓度较高的硫酸添加到碳酸钠溶液中后，则可以观察到反应过程中有气泡出现。

第二，视频二的主要内容是：将不同浓度的硫酸分别滴加到紫色石蕊试纸上，录制石蕊试纸的变化。从视频中可以看到，石蕊试纸上滴加稀硫酸后变为红色，而滴加浓硫酸后则是先变为红色，然后变成黑色。

第三，任务单上的问题有三个：①不同浓度硫酸与碳酸钠溶液反应出现的不同现象说明了什么？②稀硫酸无法使石蕊试纸变黑而浓硫酸可以使石蕊试纸变黑说明了什么？③稀硫酸与浓硫酸在性质上有哪些差异。

第四，教师可以将视频以及任务单上传到公共学习平台上，要求学生按期观看视频，并将任务单上的答案上传至学习平台。

总而言之，高中阶段的化学教学知识点多，内容繁杂，这给高中学生的学习带来了很大的压力。采用微课的方式在课前对相关难点进行预习，可以让学生更好地进行新旧知识的衔接，为后续的课堂教学奠定良好的基础，同时，也能培养学生的自主学习能力。

（二）微课在高中化学课中的应用

在课堂教学过程中，教师可以根据课前微课堂的任务单解答情况对学生的预习情况进行了解，并对学生存在的疑问进行共同探讨解答。在课堂教学过程中，教师可以把课前微课中的视频作为出发点，让学生想象：如果将浓硫酸加入蔗糖中会出现怎样的现象。教师应事先制作将浓硫酸添加到蔗糖中的视频，向装有蔗糖的小烧杯中添加适量的浓硫酸，然后将大烧杯倒扣罩在小烧杯上。从视频中可以看到：添加浓硫酸后小烧杯中的蔗糖逐渐变为黑色，而倒扣罩住小烧杯的大烧杯内壁则出现小水珠。这些现象激发了学生的好奇心，并调动了学生学习的积极性。此时，教师要求学生利用本单元教学中，含硫化合物性质对这些现象进行解释，学生通过分组讨论确定最后的答案。这种方式不仅激发了学生学习的兴趣，而且做到了对知识的活学活用。

此外，为了让学生更为直观地了解含硫化合物的危害，教师可以事先录制一段视频，将一棵新鲜植物以及一团蘸有浓氢氧化钠溶液的棉花，共同置于上述实验的小烧杯旁边，在向装有蔗糖的小烧杯中，加入浓硫酸后可以看出倒扣罩在外面的大烧杯内出现大量的"白雾"，同时置于小烧杯边上的新鲜植物逐渐褪色。总而言之，采用视频演示的形式，不仅使学生对含硫化合物性质的理解更为直观，而且免受现场演示受含硫化合物毒物的危害。因此，在课堂教学中引入微课视频，不仅有利于学生更为直观地学习化学理论，还可以增强学生的环保意识，有利于学生综合素质的提升。

（三）微课在高中化学课后的应用

课后复习是对理论知识的回顾，也是提升学习效率的有效方式。其与课堂教学一样重要，为了更好地梳理本单元的知识点，教师在课后复习过程中可以事先对本单元的知识难点进行汇集并录制视频。例如，在含硫化合物的转化以及对环境的危害方面，可以录制一个将三氧化硫通入水中，然后将融有三氧化硫的水溶液逐渐滴加到新鲜的植物叶片上的微课，这样学生从视频中可以观察到新鲜的植物叶片逐渐枯萎，可以回顾到三氧化硫溶于水会形成稀硫酸。稀硫酸由于具有一定的氧化性，会导致植物叶片的枯萎，同时，也能很直观地认识到现实生活中，酸雨的形成过程，以及酸雨对环境造成的危害。

此外，在进行含硫化合物的类别以及硫酸性质的回顾过程中，可以分别将不同浓度的硫酸加入装有蔗糖的小烧杯中。根据加入不同浓度硫酸后小烧杯中蔗糖外观的变化，引导学生对稀硫酸以及浓硫酸的性质进行回顾，学生可以很清晰地回顾到稀硫酸具备的氧化性。但是，浓硫酸在具备氧化性的同时还具备很强的脱水性，浓硫酸接触到有机质组成的物质时，会造成其严重脱水，学生可以直观地了解到浓硫酸的危险性。

第四章　微课在高中化学教学方法中的应用

第一节　高中化学教学中的思维导图方法

一、思维导图高中化学问题框架的构建

教师在选择提出问题、解决问题等方式进行化学教学的时候，教师可以为学生构建一个问题的大体框架，学生在这个框架范围内思考，提出一系列的问题。首先，进行自主思考；其次，小组之间进行交流；最后，总结一些问题。教师对学生所提出的问题逐一分析，梳理出比较有价值的问题，写在黑板上，形成思维导图。之后教师和学生可以继续讨论和思考，对问题进行拓展，同时探究问题的解决，完善思维导图。

二、思维导图在高中化学小组讨论中的运用

小组讨论是高中化学教学普遍采用的一种方式，但小组讨论也存在一些不足之处，如成绩不佳的学生很难融入讨论等。而在思维导图的引领下，学生可以有计划、有条理地进行讨论，让混乱的信息有意识地构建。例如，在小组讨论中，首先，教师让一名学生负责实际讨论记录，将其他学生对某一知识点的不同意见标记出来；其次，学生通过思维导图的特点，进行小组汇报，最终的讨论结果在思维导图上标记；最后，让学生通过观看思维导图明白这一知识的重点在哪里，提高学生学习效率。

三、思维导图方法在高中化学复习中的运用

在授课活动完成后，思维导图能够帮助学生巩固所学知识，提升学习效率。作为教学工作的重要环节，高效、科学的复习不仅能够帮助学生温故而知新，加深对原有知识的记忆，还能使其举一反三，对所学知识融会贯通，提升化学教学效率。思维导图的复习模式，本质上是将课本变薄，通过将知识结构条理化、系统化，形成一目了然的知识结构网络。在复习环节中，教师可以以思维导图为框架，引导学生完善以前学习过程中的薄弱之处，

培养其总结、归纳的能力。在化学课堂教学中，教师要给予学生充足的思考和总结时间，要求他们对相关知识进行总结，以便顺利地完成学习任务，发展个体化学核心素养，促进对知识的掌握和理解。

总而言之，在交流沟通中，相比于文字，图有更为直观高效的语义表达，更有助于学生大脑皮层的思维能力锻炼。因此，在学习化学的过程中，加入思维导图不仅可以发散学生学习思维，还能够帮助学生厘清疑难知识点，明确教学重点，提高化学学习效率。

第二节　高中化学教学中的研究性学习法

在新课改的影响下，高中化学课堂上使用研究性教学模式已经逐渐成为培养学生实践能力以及创造性的主要方法。研究性学习简单而言就是指学生在教师的指导下凭借自身的兴趣爱好以及学习条件挑选各种各样的研究课题，以此来激发出高中生的自主学习能力，进一步培养他们的学习积极性与创造精神。这样的教学方法，可以不断提升学生课堂主体性价值的发挥，更多关注学生的内心活动，促使他们掌握主动权，并站在学生的角度思考他们的逻辑思维方式，以此来建构属于学生自身的学习方法，从而很好地完成教学目标。

一、高中化学教学中研究性学习法的作用

研究性学习以提高学生实际能力以及培养他们的创造性为特点，能够在化学科目当中合理地应用，对优化高中化学教学过程中的教学不足、素质提高、更新化学科目教学方法以及培养新式师生关系具有非常重要的影响。

（一）提高学生化学学习的能力

研究性学习方法是开放的，更加注重学生的整个学习过程，一再强调他们自主动手真正参与到实践当中。学生在积极探索过程中，可以有效培养自身的动手能力、团队协作能力，提升创新思维，掌握解决问题的技巧，形成正确的人生价值观，以此来学会使用综合性学科知识。学生能够真正成为课堂中的主体，带着探究热情实施化学科目的研究性学习，不断提高自身的整体素质以及学习能力。

（二）建立一种全新的师生关系

在开展研究性教学过程中，教师优化了过去传统的教学方法，课堂上教师不再是主体，而是引导者以及促进者。化学教师将教学目标明确以后，指导学生实施课堂教学内容的有效探索；学生在课堂中发挥主体作用，积极融入课堂进行自主钻研。教师需要发挥出自身

的主导性作用，对学生的学习实施方向性指导，在这样的课堂教学中，教师与学生是民主、平等的一种学习关系，一起完成化学课堂的研究。

（三）优化化学学科的教学方法

"化学是理论性与实用性紧密结合的学科。"[①] 研究性学习方法能够促使学生脱离这种被动学习位置，教师可以将化学知识与社会生活实践有效融合在一起，将真实生活情境引入课堂中，不断丰富课堂教学内容，以此来提高教学质量及教学效率。而且这样的教学模式非常适合新课改的教学模式，有效优化传统教学方法，与此同时也能够为课堂教学的实施创造更多的选择性，营造出有助于学生整体进步的教学环境。

二、高中化学教学中研究性学习法的运用

（一）创设与生活结合的教学情境

高中化学教师在课堂讲解知识过程中，应当将研究性学习方法和现实生活融合，设置教学重难点和教学目标，以显示热点话题及社会事件的真实案例，打造轻松、愉悦的学习环境。设计难度不一样的问题来指导学生通过真实现象深入挖掘事情的本质，可以有效帮助他们掌握与理解知识间的紧密关联性，进一步提高学生处理问题的能力以及分析问题的本领。

（二）采用多种形式的研究性教学

高中化学教师在传授知识过程中，应当根据教学知识点采用调查分析法、实验探究法以及专题讨论法指导学生实施学习。例如，高中化学教师在讲解"氧化还原反应"这一知识点时，由于学生在初中时期就已经学习过得氧失氧、电极反应分散以及电子得失的知识点，所以，教师在讲解本堂课程的知识点时，就可以通过专题讨论式的教学模式来实施研究性学习。教师可以把班级中的学生分成多个小组，提前设计出详细的学习目标和学习要求，给学生留下充足的时间去准备，让班级中的所有学生都融入学习中，并鼓励他们勤动手、多表达，把分散的知识点进行串联，寻找到知识间的内在联系，积极、主动地创造出适合思考的学习气氛。

（三）培养学生正确运用学习方法

化学教师在开展研究性学习的时候，要注重培养学生掌握正确的学习方法，错误的学

---

① 倪晶晶，李云峰.定性定量相结合数字化探究"不同成分胃药功效"[J].中小学数字化教学，2023（01）：70.

习方法将促使学生不断陷进被动的学习位置。在学生掌握基础学习内容的前提下，根据学生的认知特点来挑选与之相符的教学资料，这样的教学方法更容易让学生接受，在掌握旧知识的情况下学习新知识。化学科目是科学知识与使用方法紧密相连的，掌握正确的学习方法能够达到事半功倍的效果，所以，在学习知识过程中，应当挑选科学、合理、有效的学习方法开展学习。在学习化学知识时需要发挥出化学实验的作用，对实验过程与实验结果实施详细分析，进行理解性记忆。

（四）对学生实施及时恰当的评价

学生能够积极主动地进行学习，主要源自自身的学习动力和学习兴趣，而化学教师在传授知识时，应当每时每刻都以热情的心态去关注学生的学习情况，尽最大的努力让他们参与到课堂学习中，提高理解知识的能力，使用鼓励的模式帮助学生不断获得进步。教师在课堂当中需要对学生的操作能力以及学习能力给予及时、合理的评价，将学习特点和学习能力当作评价的主要依据，对学习进步的学生给予表扬，并鼓励他们持续进步，突破自己。

第三节　高中化学教学中的任务驱动教学法

一、高中化学任务驱动教学法的阶段

（一）提出任务阶段

任务驱动教学法的第一步是分析教学内容，第二步是根据教学内容设置合理的教学目标。学生获取知识不仅仅只是靠教学目标来实现，还要结合三维目标——过程与方法、知识与技能、情感态度与价值观。教师要把大目标细分为小目标，之后再根据每个小目标制定相对简单的子任务。学生在学习过程中，通过简易化地实现每个小目标最终达到总的学习目标。任务中的第一个子任务就是实现目标的切入点。在设置切入点时，应该从实际出发，贴近生活的同时能够更易被学生接受，也更能激发学生学习的积极性。

（二）分配任务阶段

"任务驱动教学法是一种创新的教学模式，不但可以满足高中化学教学体系改革需求，也有助于促进学生化学核心素养与综合能力的全面发展。"[①] 任务是任务驱动教学方法的核心，其教学活动都围绕任务进行。教学需要保障学生的参与感。由于不同学生的学习能

---

① 杨兴元.任务驱动教学法在高中化学教学中的应用探究[J].学周刊，2022，22（22）：22.

力不同，因此，在提出任务之后，他们所要解决的问题层次也不相同。教师应将任务分配给具体的小组或个人，将任务细化，进而让每个学生都明确自己的学习任务，不断培养和激发他们的创造力和想象力，从而增强学生参与课堂活动的积极性和主动性。所以，在任务分配时，教师应遵循互动原则，让学生能够在一个良好的学习氛围中互相交流、帮助，进而促进学习。

（三）完成任务阶段

在学习任务都明确后，教师应该给予足够的时间让学生进行思考，并且发挥好引导和协助的作用，给学生提供完成任务所需的材料和工具，引导学生循序渐进，不断突破自我，在设置实践过程中也应该科学严谨。当学生完成任务后，教师应该引导学生交流沟通，发散思维，培养创新能力和探索精神。

（四）评价任务阶段

任务评价也是任务驱动教学中不可或缺的一部分，教师对学生完成的任务应该及时做出评价和积极肯定，因为学生都希望得到荣誉和肯定。在评价过程中，教师不能只注重结果，也就是任务完成的好坏，而是更应注重学生学习的过程。在教师的引导下，学生能够在回顾的过程中发现问题，从而解决问题，加深对知识点的掌握，在一定程度上，能够提高学生的综合解决问题的能力。

二、高中化学任务驱动教学法的实施

（一）基于小组合作学习的任务驱动法实施

任务驱动的小组合作学习，是指在教学的过程中融合小组之间的合作学习。学生合作学习的导向是教师精心设计的教学任务，能在学生学习的过程中引导方向，促进学生合作的进程；在组织学习的过程中以小组为单位有利于发挥学生在小组中的优势，通过互相配合，协作互助，进而在学习任务中获取新的知识和技能，同时还能培养和提高学生解决实际问题的能力。

1. 任务驱动下的小组合作学习结构

（1）设计任务。

第一，在设计任务时，应该充分考虑学生的心理特征。因此，当教师设计任务时，应该先了解学生的群体特征，高中生所处的阶段是由少年期向青春期过渡。因此，从认知方面出发，他们的思维正发生着变化，由具体逐步向抽象、逻辑和概括的方向发展；从情感方面出发，敏感期的他们希望得到教师和同伴的认可，从而满足自己的自豪感。另外，学生之间存在差异性，具体表现在性格、观察力和思维习惯等方面。

第二，在设计任务时，应该紧紧围绕教学目标，在选择教学方法和内容时也应始终围绕教学目标。只关注知识与技能目标不够，还需要教师关注学习的过程、方法及情感态度，进而实现教学目标。

第三，在设计任务时，应该充分利用已有的教学资源，其中包括网络、教材、书本和实验仪器等，因为缺少资源而影响学生完成学习任务对学生毫无意义。高中阶段的学生时间有限，且资源有限，因此，教师指导学生自行查阅资料的同时，也应该尽力为学生找寻资料和整理资料。

第四，在设计任务时，应该注重教学情境创设。通过生动具体的教学情境创设，增强学生学习积极性的同时，还能够缓解学习的疲劳，让学生能够在相对轻松的氛围中学习；在一定程度上，还能够将教师和学生之间的经验差距缩短，进而促进知识的有效传达，便于学生准确理解和掌握，进而提高教学效率。

（2）实施任务。在教师的引导下，帮助学生进入任务情境，更好地运用资源。无论是合作学习还是自主学习，教师都应密切关注学生的学习行为，并及时给予指导。合作学习在任务驱动法的推动下，一方面，注重培养学生的自主学习能力和分析、解决问题能力；另一方面，还注重培养学生合作学习的能力。在实施任务的过程中，学生既学到了知识和技能，又学会了与他人合作的学习方法，共同进步、增长才干。

（3）评价任务。教师及时评价学生学习的情况能够激发学生的自主学习能力，让学生更加了解自己的学习状态，并及时纠正往后的学习表现。面对不同的学生，应该进行针对性评价，因此，需要创建多元化的评价机制，其中的多元化主要表现在评价内容的多元化和主体的多元化。内容多元化的评价主要从三个方面进行：①评价知识与技能；②评价过程与方法；③评价情感态度与价值观。主要采取的主体多元化评价方式有：教师的评价；学生相互之间的评价；组长和组员之间的评价。通过小组的合作和学习，能够更加客观公正地对个体进行评价。还可以采取量化考核的方法进行评价，将每个人所分到的任务进行量化评价，并在特定的时间段评价，以此积累，以最后的量化数据进行奖励。

2. 任务驱动下的小组合作学习流程

任务驱动下的小组合作学习模式是一种新的教学模式，它是以新型的合作学习小组为基础，以学生为主体，教师为主导，任务为主线的新教学模式。它由三个阶段组成：任务自主阶段、任务合作阶段、任务拓展阶段，具体内容如下。

（1）任务自主阶段。在任务自主阶段，教师应该根据教学目标设置简单入门的基本任务，以此提高学生学习的兴趣，从而满足该节课堂基本的任务要求。在完成任务的过程中，教师最主要的职责就是给学生提供必要的学习资源，并做出相应指导。当学生在过程中遇到问题时，教师应该针对学生的独特性给予针对性的辅导；当遇到有讨论价值的问题时，教师应该主动引导学生思考；如果遇到解决不了的问题，就记下来。教师在自主阶段引导教学时应汇总具有共性的问题，把问题设计到下一阶段的合作任务中。

对任务完成的程度进行等级评价，教师负责小组评定，学科长负责组员评定，依次是A、B、C三个等级。A等级书本圈画详细，思考笔记详尽，答题的书面字迹工整，正确率高，能够提出高质量的问题；B等级书本圈画不是很详细，字迹清晰规范，正确率较高，并且能提出问题；C等级书本圈画少，答题字迹潦草，正确率低，提问少且质量低。

（2）任务合作阶段。

第一，设计合作任务。在任务合作的阶段，一方面，教师需要解决该阶段普遍会出现的问题；另一方面，需要对学生提出较高的任务要求，通过鼓励学生，增强学生之间的协作能力。

第二，实施合作任务。任务驱动合作学习应该转变"任务驱动"为"动机驱动"。动机驱动的方式，更能激发学生的学习积极性，通过内在驱动力，可以实现学生的自我价值和解决存在的问题；通过外在的驱动力，则可以提升学业成绩、获得教师的表扬和同伴的肯定。在小组合作的学习方法中，就是以动机驱动来激发个体的潜力去完成任务。在上课之前，教师一定要分配好任务，让每个学生都能参与其中。例如，将学生分成记录人员、质疑人员、辨析人员和展示人员等，各司其职，也可以采取轮换制，一周一换，让每个学生都能尝试不同的角色。

第三，评价合作任务。①评价学生对知识的掌握程度，检测的方式可以通过课堂随测的方式进行。测试题目的数量不宜太多，主要是需要展现课堂的教学内容，并能展现学生掌握知识的程度。因为时间的限制，可以以选择题和填空题的形式为主。②评价学习的过程与方法，将评价进行量化，能够准确地展现出每一组的合作学习情况。

（3）任务拓展阶段。开展拓展任务应该从实际出发，并结合实际情况，其形式多种多样，如小组辩论赛、专题讲座等，都以小组为单位进行。对于高中生而言，时间不是很充裕的情况下，可以根据需求进行专题活动，教师将一个专题中有价值的任务进行延展，然后分组开展任务。另外，学生也可以以小组为单位自拟任务，自拟任务需要教师提前审核，教师要着重审核自拟任务的可行性和探究价值。拓展任务的挑选应该尽量贴近学生的实际生活，可以是理论调查，也可以是实践操作。

总而言之，教师在组织学生收集资料的过程中，应该引导学生通过多渠道查找，如杂志、网络、图书等文献，在收集好相关信息后，组员相互之间进行分享和分析，然后确定探究的范围、方法和预期达到的目标。当遇到问题时，教师要鼓励学生直面问题、共同探讨，对于实在解决不了的问题及时向教师寻求帮助。在整个过程中，教师要做好分工，让每一个学生都参与其中，达到取长补短、共同进步的效果。

（二）基于学案导学的任务驱动法实施

1.基于学案导学的任务驱动法实施前期

使用学案导学的任务驱动法去实施化学实验教学需要做好充分的前期准备，这种方法类似于电影制作，想要创作出质量高的电影，那么需要编剧提前设计情节，这样才能吸引观众兴趣。教师就类似于电影制作当中的编剧，需要精心准备化学实验的导学案，需要精心设计实验过程中的任务。

（1）导学案设计以及导学案编写。

第一，导学案编写时需要遵照的原则。在以导学案任务为驱动的化学实验教学模式中，导学案编写非常重要。如果导学案编写得比较优质，那么教学效果会直接翻倍，学生会更加愿意学，沉醉于学习的快乐，虽然不同的学科在编写导学案时提出的要求可能有差异，但是，基本上所有的学科在进行导学案编写时都要遵循以下原则要求。

一是教和学统一的原则要求。导学案编写需要注意如何让学生的主动性、积极性能够得到激发，对于教师而言，在设计时应该为学生提供激发动脑思考、动手操作的机会，让学生真正掌握学习主体权。与此同时，教师也要注意自身在教学当中主导地位的发挥，将课堂比作一场电影制作，那么教师就是电影的导演，学生就是电影当中的演员，教师要负责电影制作的监控，保证电影制作可以顺利地开展，作为导演的教师要注意学生是否可以顺利进行情节表演，如果导演发现演员的水平不足，那么导演应该尽可能让演员感受到角色的本真，让演员更好地进入表演状态，更有信心完成角色的塑造。

二是探究性的原则要求。导学案设计必须考虑到学生之前化学知识的已有水平，教师需要针对学生之前的化学知识基础设计探究性问题，只有针对学生当前基础设计出的问题才能引发学生的疑问，才能引导学生积极地思考，才能让学生形成对新知识的探索渴望。探究性原则注重学生对问题的自主分析，注重学生对新知识的探索，鼓励学生表达自己的独特想法，鼓励学生进行发散式的思考。在探究过程中，在对新知识探索兴趣的引导下，学生的知识广度会得到拓展，学生也会形成有关创新的思维和意识，更容易培养学生自主学习的习惯。

三是系统性的原则要求。之所以要按照一定系统性进行教学，是因为化学学科知识本身的就存在关联，存在一定递进性，因此，导学案的编制必须遵循系统性原则，教师要从知识构建的角度为学生的化学知识之间的关联构建提供帮助。此外，尤其要注意新旧知识之间逻辑关联的搭建，教师要找到新知识和学生之前的知识存在哪些关联点，并以此作为切入点，让学生尽快地投入新知识的探索中。导学案设计的系统性可以让学生更好地了解化学知识的整体脉络，更好地构建知识之间的关联，系统性的体现可以整体地提高化学教学的效果。

四是高效性的原则要求。高中阶段，学生要学习的知识比较多，面临的压力比较大，教师应该注意如何让学生保持高效的化学学习，如何充分利用课堂时间将教学任务完成得更好，让学生掌握更多的新知识。想要实现这一目的，教师需要在编写导学案时，注重导学案的科学性以及有效性。学生的化学知识学习必然依赖于导学案，导学案可以为学生学习指明基本的方向，因此，导学案设计不可以简单地包括课本中的知识或习题，教师应该从更多的角度出发，更多考虑学生的基本学习情况，然后去整合知识，为学生精心挑选化学知识、化学习题，尤其是导学案中的习题应该做到精，而不是做到多。要将有限的课堂时间利用起来，让学生掌握更多精准的知识。如果导学案题目精准，设置得非常科学有效，那么学生的学习负担在一定程度上会有所降低，且学生的学习效率还会更高。

第二，编写导学案的具体过程。素质教育的开展、高效课堂的打造都需要依赖于导学案作为载体，依托于导学案，学生可以更好地进行自主学习、合作学习，学生会对自己的学习作出更好的规划，明确计划内容，确定学习具体的方向。导学案编写的质量直接决定了化学课堂的质量，在编写导学案时，不能单纯依赖于教师一个人的力量，应该将整个化学组的力量聚集在一起。导学案编写主要涉及以下四个步骤：

首先，整个化学组的教师在一起进行集体讨论，明确化学课程使用的具体编写方法，在导学案设计方面给出初步建议；其次，主备教师在收集所有教师意见的基础上，确定编写导学案使用的原则，编写需要研究分析学生的基本情况，结合化学教材制定出导学案初稿；再次，所有的教师进行再一轮集体讨论，所有的教师提出对导学案的建议，在这一阶段，教师可以讨论如何通过情境创设引出化学任务，如何对教材当中内容不足之处进行补充和完善，通过所有教师的集思广益，最终制定的导学案必然是优质的；最后，教师进行个人梳理，因为每个教师的教学习惯、风格都存在差异，而且每个班的学生学习状况也不同，所以，在上一轮制定出来的导学案框架的基础上，教师还要做出一定调整，让导学案更加适合自己，更加适合自己班级的学生。

通常而言，导学案当中应该包括本节课的学习目标、重点难点、学习方法指导、知识的课前准备、课堂当中知识的研学、知识的归纳和总结、知识练习、学习评价等，除了这些通常要包括的内容之外，导学案也要考虑到学生个体的不同、化学知识内容的不同，在满足实际需要的基础上可以进行一定删减。

一是学习目标。导学案当中要指出，确定学习目标，需要重点强调教师在设定目标时不能将教材中的学习目标原话复述下来，而是要考虑到自己班级学生的实际学习情况，对目标进行一定调整，除此之外，目标应该精细化，不能笼统表述，而且目标最好是用通俗的话语，这样学生可以更加精准地理解本节课要完成的学习任务，而且目标的精准通俗可以让学生更好地进行自我检测和评价。例如，可以使用"会解决、会处理、会使用"等等这样的话语，而不是要使用"了解、认知、掌握"这样的模糊性语言。当学习目标变得明确和具体后，学生会有更加充足的学习动力，也会了解到学习的重点。

二是学习重点、学习难点。需要注意的是，学习重点及学习难点除了指学生化学知识学习的重难点外，还应该包括学生学习方法的重点和难点。作为教师，在编写导学案时必须了解课程要求，同时也必须了解学生的基本情况，只有这样才能设计出准确的学习重点、学习难点，而且教师还要确定方法方面的重难点，并在课堂当中进行重点方法的突破教学，这样才能让学生掌握知识学习的方法，才有助于学生更好地提高学习成绩。

三是学习方法指导。学法指导可以避免学生在学习过程中走过多的弯路，教师可以直接向学生传授问题解决的具体方法、学习目标完成的具体方法，但是，当下很多导学案中都没有发现有具体的学习方法指导，如果可以在导学案中明确学习方法指导，那么学生就可以根据方法的指导攻克学习当中的问题，如果学习方法指导是适合、有效的，那么学生会有更多的学习自信，会获得更多学习成就感。具体而言，学习方法指导可以是提醒学生进行学习讨论、提醒学生仔细阅读课本等。

四是知识准备。知识准备是指回顾之前学习的知识，也有的教师会将知识准备过程变成课前的知识测评或知识检测，这些方式都可以让学生对之前的知识进行一定复习。这一部分的知识可以由教师根据实际情况灵活地进行设置，知识准备主要是为了新知识的学习进行铺垫。

五是课堂研学。这一部分是导学案编写中的中心和重点，这一部分主要是利用任务驱动的形式展开，教师在这一部分需要综合考虑教学目标、教学条件、学生知识水平、教学内容的要求，然后进行任务模块设计，最终在导学案编写当中呈现所有需要学生完成的任务模块，学生也可以根据教师设置的任务逐步地掌握要学习的新知识。任务模块的设计需要注意知识的层次性，也就是要体现出导学案编写的系统性原则，要按照知识的主体脉络进行任务的设计。只有任务符合知识的层次性，按照知识的脉络进行，学生才能感受到知识学习的递进性，从而有强烈的动机去完成各项任务。

六是知识的归纳总结。归纳总结是对所有学习的知识进行整理的过程，教师在设计这一部分的时候要尽可能让学生来填写知识总结部分，学生的自主填写可以锻炼学生的知识技能，可以让学生复述本节课知识学习过程中学习到的方法，可以让学生回忆整个学习过程，而且通过学生的自我总结，教师可以判断学生是否掌握了新旧知识之间的关联。

七是诊断练习。如果能够当堂进行知识的检测或者知识的诊断，那么学习效果会更好，所以，教师在编写导学案的过程中，要加入一些练习，且练习题目的选择必须精挑细选，要让习题能够精准地反映本节课学习的知识，这样教师才能通过练习来了解学生对知识的理解程度，教师才能针对性地查缺补漏。诊断练习这一部分的设计可以融合在探究或者问题解决过程当中，也可以单独地作为一个教学环节进行。在设置题目时，尽量使用多种题目类型，但是，题目的数量应适当，整段练习部分最好占用课堂时间的 5 分钟左右，且题目不宜过难，题目的难度最好是循序渐进的，这样既可以适合学困生的知识复习，也可以提高优等生的知识理解程度。练习后还要进行习题纠正，改正练习当中存在的错误，才能更加深入理解所学知识。总体而言，教师习题设置应该针对重点和难点，应该针对学生的易错点，通过习题练习让学生真正掌握知识和技能的目的。

八是学习评价。教师要让学生进行学习的自我评价或学生之间的互相评价，评价的方式可以让学生进行反思，也可以引导学生之间相互学习。

（2）任务的设计。对于导学案任务驱动教学模式的实施而言，它的成功直接受设计合理性的影响，且任务设计的合理性还会直接影响到化学学习的效果。对于教师而言，在设计任务的时候，必须让任务和教学目标保持一致，同时，任务还要能够吸引学生兴趣，引发学生积极思考。

第一，任务设计原则。

一是明确具体的目标。任务设计需要按照教学目标的要求展开。

二是设计要针对学生的最近发展区。任务必须具有一定的挑战性，任务的设计主要是为学生新旧知识之间的联系搭建一个桥梁或跳板，通过任务为引导，学生可以利用之前储存的知识去解答更有难度的问题，只有针对最近发展区进行设置，学生才可能真正提高自身的能力，教学才可能真正发挥作用。教师需要调查掌握学生当前的知识掌握水平，然后设计符合学生当前知识学习难度的任务。如果教师设计的任务难度较低，学生可能觉得没有挑战性，不愿意进行积极思考；如果教师设计的任务难度较高，那么学生可能会觉得自己永远无法解决，进而导致学生没有学习信心，因此，难度必须符合学生当前的最近发展区，要既能够给学生带来挑战，又能够让学生通过自己的合理思考解决。

三是任务设计要体现层次性特点。教师应该针对不同学生的学习情况设置不同的任务，让任务有一定层次，可以符合所有水平学生提出的学习需求，这样学生可以根据自己的水平选择适合自己的任务，避免学生因为知识储备不足而产生学习烦恼。

四是任务设计应联系当下现实生活。化学本身和生活生产就有非常密切的联系，很多社会热点都离不开化学学科知识，教师在设计任务时，可以将任务和化学生活现象联系起来，让学生对化学任务有更加亲近的感觉，这样的任务也更容易引起学生的兴趣。例如，在学习"铁以及铁的化合物"这节课的时候，可以通过补铁剂或铁盐净水这些生活现象着手进行任务的设计。

五是任务设计必须是学生当前能力范围之内可以完成的设计。任务必须是学生当前知识掌握程度范围内可以通过学生自己的能力或学生小组合作的方式完成的任务。对于化学学科而言，化学学科中有很多实验，所以，教师可以充分利用实验的方式让学生在动手的过程当中进行思考。

第二，任务设计遵循的基本步骤。在设计任务的时候，教师在参考教学目标、内容以及学生实际知识掌握情况的基础上，可以设置总的教学任务，然后将任务分成不同的子任务。下面以"苯"的学习为例，具体进行任务设计步骤的分析。

一是分析教学目标及教学内容。教学目标的实现并不是一蹴而就的，需要在日常学习过程中慢慢地积累能力，达到目标的要求。课堂教学是学生学习中的重要部分，教师可以引导学生和教学内容进行相互作用，然后实现教学目标的要求，所以，在设计任务时，最开始一定要分析教学目标以及教学内容，在此基础上确定学生的三维目标。

二是研究学情。作为教师，首先，需要了解学生当前化学知识的掌握水平；其次，教师应该明确知道这节课让学生掌握哪些知识和化学技能，与此同时，还要确定哪些是通过学生自主学习掌握的，哪些是需要教师进行引导的，如在学习苯时，之前已经学习过了甲烷结构性质、乙烯结构性质，学生知道有机物的基本学习过程。所以，在这样的情况下，教师稍加引导就可以让学生探索苯的结构，教师在分析学生学习过程中可能会遇到的问题后，教师心里会大致有个认知，会知道怎样设计任务是合适的。

2. 基于学案导学的任务驱动法实施过程

导学案任务驱动教学模式主要依赖教师设计出的导学案，在这种教学模式中，教师负责主导，学生是学习主体，在教师运用引导方法的基础上，学生可以结合导学案中的具体任务进行学习。在任务的驱动下，学生会主动了解、分析知识，换言之，任务驱动教学模式，它的主要核心内容就是任务，任务将教师和学生联系在了一起，通过任务学生可以知道本节课要学习的内容，通过任务教师也可以开展整节课的教学。在师生共同合作的过程中，任务教学可以完成。具体而言，导学案任务驱动教学模式的实施流程有以下步骤。

（1）教师依照导学案教学，学生依照导学案自学。教师需要在正式开始上课之前将导学案发放给学生，学生需要按照教师发放的导学案了解本节课要学习的目标重点，然后阅读教材，基本掌握知识。在这一部分，主要是为了让学生预习课文当中的内容，储存一定知识，培养学生的自学习惯。

（2）教师为学生创设任务情境。学生根据导学案进行任务的思考和分析，教师要负责任务的引发，在教师教学过程中，化学教师会经常使用化学实验，因为实验足够直观，也能够锻炼学生的动手能力，在化学实验的过程中，学生更有兴趣，所以，教师可以通过化学实验的方式为学生创设情境，而且教师还可以结合具体生活中的化学试卷，让情境变得更加真实，学生会对化学学习产生更加亲切的感觉。除此之外，教师可以利用多媒体为学生创设情境，通过情境创设的方式任务可以被引发，学生可以更好地进入学习知识的状态，在导学案的引导下，学生可以自主寻找知识，寻找信息，自主进行任务分析、自主进行探索。

（3）教师应该对学生的自主学习进行适当引导。教师是学生学习的指导者，在一节课中并不是所有的知识都可以通过学生的自主探索获得，如果新知识和学生之前的已有知识或者应用学习经验没有过大关联，那么还需要教师进行精细讲解，而且在自主学习过程中，如果学生遇到了瓶颈困难，教师也要给予指导。当教师发现学生的思路过于偏离正确方向的时候，教师要引导学生走向正确的思考道路。作为教师，应该准确地对学生进行指导，不要直接告诉学生答案，应该引导学生自主发现问题的答案。如果教师发现学生的问题其实是个人能力范围内能解决的，那么教师就不要引导学生，让学生自主完成。除此之外，教师的引导还要注意学生个性的不同，对于不同个性的学生教师应该因材施教。

从学生的角度来看，当他们了解到导学案提出的具体任务之后，他们会选择方法来完成任务，因为导学案当中明确地要求了学生应该做哪些、掌握哪些，所以，学生可以快速地投入学习过程当中。教师在引导学生完成任务时，应该注意对不同的任务使用不同的引导方法，如果任务比较简单，那么教师可以引导学生通过阅读教材的方式完成任务，如果任务比较复杂，那么教师可以让学生通过小组合作讨论的方式完成任务。

（4）教师组织学生进行集体交流相互评价，让学生对整个学习过程进行反思。任务完成之后，教师要引导学生发表自己的看法，让学生展示自己在任务完成过程当中获得的结果。如果是利用小组合作方式完成的任务，那么教师可以让小组同学自主决定选派谁代表小组进行成果的汇报。其他同学在听取别人的成果汇报时，可以了解到他人使用的学习方法，这有助于学生的相互学习和借鉴，而且在他人分享任务结果的时候，其他的同学也可以进行自我反思或者对他人的成果进行评价，这有助于学生发现自己的问题，并了解别人的优点、学习他人使用的好方法。

在学生交流和发表看法的过程中。教师也要仔细地倾听学生的汇报，也要对学生的学习过程、学习结果进行评价，首先，教师应该肯定和认可学生做得比较优秀的地方；其次，指出学生要改正或者以后要努力的地方。教师的评价应该考虑到学生层次的差异，如果是比较优秀的学生，教师在评价时应该更严格；如果是学困生，那么教师应该更多地表扬他们的优秀之处；如果学生是中等学生，教师应激励他们，让他们更好地改正自己的不足，积极进取。总而言之，在反思和评价的过程中，学生会学有所得，这一过程也有助于提升学生的学习效率。

（5）教师和学生共同进行知识的归纳、知识的拓展和迁移。在交流评价之后，学生已经基本了解且掌握了这节课的内容，但是，教师在最后还是要引导学生进行知识的总结、拓展以及迁移。知识的总结及拓展、迁移可以让学生更好地认识到知识之间的规律，知识之间的连接有助于学生整理归纳所学知识，有助于学生更好地构建自己的知识体系。在学生日后的学习过程当中，学生也能更好地进行新知识的分析思考，同时更好地探究新知识的规律。

第四节　高中化学课堂中的情境教学法应用

一、高中化学课堂中情境教学法的应用原则

（一）学科逻辑性原则

如果设计的情境不考虑学科体系，那么化学的逻辑魅力就会降低，学生的大量记忆被迫从意义记忆转向机械记忆，分析变成了辨析，这就造成了学生的另一种新的精神负担。在创设问题情境时，要注意情境设计的一贯性，应尽可能设计科学的、有梯度的、有层次的问题链，考虑好问题的衔接和过渡，用组合、铺垫或设台阶等方法提高问题的使用效率。

（二）知识类型原则

化学新教材的各部分内容都可以是创设教学情境的重要素材。根据现代心理学的研究数据不难发现，学生的学习兴趣往往与学习内容的难易程度存在一定联系，当学习内容简单易学，不需要学生经过思考和自主探究，直接套用现有的知识理论和解题思路就可以得到答案时，学生往往会表现得缺乏兴趣。只有当学生在学习具有一定难度的学习内容时，学生才会积极主动地发挥主观能动性去探究新知识、研究新发现、得到新结论、提升新境

界。从这个角度而言，化学教学内容的难易程度决定了是否创设教学情境。

（三）有效性原则

导致小组讨论无效的原因是多种多样的。例如：知识本身缺乏探讨的意义；演示作用和对角色认识不清；学生对问题的理解和表达对班级没有太大的意义；缺乏教学道具，无法开展协作等。因此，在设计学习活动时，需要充分考虑互动性和连续性。科学探究的教学活动具有知识性，要富有挑战精神，不能只是重视活跃气氛，活动与活动之间要有较强的联系，不能随意安排、毫无关系。因此，活动要逐层深入，利于学生接受和参与。

（四）激发学习动机原则

化学既是实用性更强的基础学科之一，同样也是人文综合素养的重要内容之一，与数学、物理等学科共同成为自然科学迅猛发展的基础。化学的核心知识已经在自然科学的各个领域得到很好的应用和实践。例如，万物始于元素、质量守恒、动态平衡、异电相吸等，是创造自然、改造自然的强大力量。同时，化学与其他学科相互交叉与渗透，使生物、电子、航天、地质等新兴科技产业得到了跨越式发展。随着技术的进步和信息的传播，化学已经不再单单是一门知识，而是已经成为一种科学、严谨、理性的态度和思想。因此，在实际教学中，积极导入自主探究式学习方法，更是培养学生科学思维和理性想法的重要过程。

（五）共同经验原则

随着教学进程的推进，学生头脑中的知识积累和思想沉淀都会增加，同时，这些知识的累积和思想的变化呈现在与日俱增的发展变化中。新知识的增加往往意味着旧知识的被遗忘，这是现阶段学生学习的普遍状态。因此，以学生已有知识为基础，开展新知识的吸收、感受新旧知识的碰撞与融合十分重要。开展有意义学习须满足两个条件：首先，学生需具备自主学习、乐于学习的积极性和主动性；其次，学习材料中的新内容需与学生头脑中已形成的知识结构和思想脉络具有某种潜在的内在联系。

总而言之，学习情境的创设为学生学习提供搭建知识体系的有利条件，但学生学习成果的重要影响因素还在于学生自身。因此，要以学生现有的知识体系和思想水平为基础选择情境素材，使新知识的教学过程发生在学生的最近发展区内。同时，要密切结合学生现实生活体验，充分激发学生的学习兴趣，使学习过程更加具有主动性。

（六）激活课堂气氛原则

科学探究不仅能够传授知识和技能，还关注学生对教学活动的体验情况，选择合适的教学方法，关注培养学生态度、情感和价值观。如果要想达到科学探究学生的教学目标，相比接受式学习，教师要付出更多的精力和时间。教学之初，学生的知识结构和认知状态都与科学探究的教学目标有很大的差距，教师要激发学生的学习热情，鼓励学生积极主动地学习，培养学生对学习的兴趣，让学生以自主的学习状态代替被动接受的学习状态，让学生鼓起勇气敢于接受新的知识和新的挑战。因此，要让学生对学习产生浓厚兴趣，让学生愿意去学习，这样才能持续探究学习。

（七）新颖性原则

情境认知理论表明在特定的情境中，学习和思维才有意义。如果失去了特定的情境，那么思维、认知和学习就无法发挥应有的作用和意义。有效的情境设置包括三个方面：充分调动学生学习的主动性和积极性；教师教学的时间、师生互动情况和物力损耗与学生的学习效果呈正相关；培养学生的情感并树立正确的价值观。

只有学生积极解决问题，才能够在实践中，提高自身的学习能力，并且取得进步。另外，提高学生学习的方法有多种：学生要巩固旧的知识，有利于学习新知识，将新知识应用于现实生活中，有利于学生理解。优秀教学标准的内容包括：教学内容要以实际情况为基础；要复习和巩固已经学习过的内容；除了要讲解课本资料学习内容，还要联系实际进行适当拓展；做习题或解决问题时，要用到课堂上讲的知识和技巧；鼓励学生将学到的知识在生活中运用或者观察生活中相关的事件或现象。

总而言之，在设计教学情境时，要采用学生感兴趣的、复杂的、真实的项目；提供多种感觉的表征：运用时事、家庭、历史、故事、传奇事件、比喻等，帮助学生形成关联性；考虑整个物理环境；形成社会关系以及共同体的归属感：问题情境要尽量直观化和形象化。

二、高中化学课堂中情境教学法的具体应用

（一）高中化学教学中情境认知理论的应用

1. 高中化学教材中情境素材的设置

近年来，化学教学材料也开始引进情境教学的学习方法，情境教学在化学教学领域很是流行。国外已经编制了很多与情境教学有关的化学教材。例如：《社会中的化学》是美国非常经典的情境教学材料，包括食品、供水和健康等领域，引导学生利用自己所学的化学知识来解答生活中的化学问题；英国约克大学理科教育组编辑并出版了索尔特高级化学，通过故事向学生传授化学概念、定义和原理等化学知识，每个故事都能吸引学生层层深入揭开化学的奥秘；德国开展了《化学情境》研究项目。国内以情境为基础的化学教材尚未出现，但是，书中的材料能为教师开展情境教学提供参考，教师可以挖掘材料中的情境，

并引用到课堂中。

2. 情景教学和情境教学的应用

（1）情景教学。情景的含义是：景是外界的景物；情是看到景物而引发的情感。因此，情景就是通过景而激发起来的感情或产生的兴趣。情景的英文翻译是"Circumstances"，情景教学就是以实物为基础，来建立学习气氛和学习环境的教学方法，有利于展开教学。情景教学在外语教学中应用较多，外语教师利用情景写作和情景对话的方式进行外语教学。情景教学中的景，一定要给人以真实的感觉，从而让学生融入建立的学习环境中学习外语知识。情景教学更重视景的作用。

情景教学是基础，在理论上，情景教学相对简单，容易应用。自从我国古代"意境说"的思想与情景教学相融合后，情景教学就有了情的含义。情景教学与触景生情这个成语异曲同工，景要按照教学目标来建立，同时还要容易让学生接受，学生就会触景生情。

情景教学也是化学教学中常用的教学方式。以化学原子构造的教学为例，教学目标是学生需要理解和区分化学中微观与宏观的定义与概念，学生很难理解这种抽象的概念。在实际生活中，学生看不到微观世界，教师一味地讲解只能获得枯燥的效果，学生无法真正理解。虽然学生通过死记硬背能够应对考试，但是，只是文字无法让学生建立长久的记忆，刚学完可能就会忘记，甚至会背错概念。运用情景教学法，教师先引导学生根据原子结构的定义充分想象，然后利用现实生活中的物品建立原子结构的模型，让学生相互讨论和研究，有助于学生的理解和记忆。以原子核外电子分层排布规律为例，这里涉及不同电子层的能级关系，教师可以以操场的跑道为情景，从内圈到外圈，在不同的跑道跑步消耗的能量不同，这样生动的例子使学生更易理解。

（2）情境教学。情境的英文是"Context"或者"Situation"。情境是人们在进行某一活动时的特定环境，由自身因素和外界因素组成。境可以是真实事物，也可以是虚拟事物，情是"境"带给人们的感受。教学情境包括情感、认知、行为、发展经历和社会等方面；情境强调的是场景，既可以是真实的事物，也可以是虚拟的事物，而情景必须是客观存在的事物。因此，情境可以是具体或抽象的，即可以理解为：情景教学是情境教学的前提和基础，情景教学是情境教学的重要方法之一。情境教学包含情景教学，涉及的范围更广，内容更加全面完整。

情境包括真实存在的事物和人的主观情感，背景的主体可以是真实的景物，或者是一种氛围、感受、情感等主观性较强的色彩。情境将客观事物与主观情感融合起来，能够培养学生的学习兴趣，激发学生学习的主动性和积极性，在主观感受和客观事物相互作用中，学生进行学习和思考，不仅收获了知识和技巧，而且还培养了意志品质。

"情境教学"以情境为基础，原因是情境比情景具有更深层的含义和更广泛的意义。情境教学根据创作者的思路，从创作者的情感出发，创建情境，教师将作者创造的情境展现给学生，能够使学生更深刻地理解，提升学习的效率。因此，情境教学具有更深远的意义。

综上所述，通过情境设计来实现新课改的三维目标，这一目标要与培养学生的社会责任感和树立正确价值观融合起来。可以得出，情境设计的目标有三个。第一，培养学生的兴趣爱好，调动学生的学习积极性和主动性，鼓励学生敢于迎接挑战和解决问题。第二，创新知识的传授形式、教学方式和学习方式。在教师授课过程中，建立合适的情境，使情境与教学内容互相融合，将抽象知识具体化，鼓励学生将知识与现实生活联系，学生通过情境教学的方式发现问题、提出问题、分析问题并且解决问题。让学生将学校教学与现实社会结合，在现实生活中寻找与所学知识相关的事物，将虚拟和抽象的知识具体化。第三，在创建的情境中，提出适当问题，鼓励学生认真地研究与思考，培养学生的探究精神。

（二）高中化学情境教学中的处理能力培养

1. 培养学生的化学阅读能力

化学阅读的能力包括对信息接收、吸收和整合的能力。处理化学信息的能力具体有：①熟练掌握化学的基础知识，背诵知识、辩论和分析的能力；②通过观察生活中的具体事物、模型、实验现象、图表或者图形等，获得感性知识或者深刻印象，还能够具备对以上知识加工处理、吸收和记忆的能力；③具备知识的整合能力，通过做练习题，分析相关的化学知识，将知识分类整合以及总结，获取新知识的能力。

化学阅读涉及面较广，从阅读材料不同的角度出发，将化学阅读分为四种：①课本教材阅读，阅读的内容以化学教材内的知识为主，知识呈现的主要形式是文本形式，包含定义、概念、相关资料和拓展内容等；②实验阅读，在实验操作过程中，阅读化学实验的目的、实验相关仪器和试剂、实验操作流程图、实验装置、实验试剂反应原理以及实验现象的总结等；③图形、图表等资料的阅读，阅读化学材料或者辅助材料中对知识总结、归纳、概括和解释的图形、图表和实验流程图等；④试题阅读，这种阅读能力需要以上三种阅读能力作为基础，化学试题中涉及化学定义、概念和原理，学生通过分析，理解题目的含义和隐藏条件，分析出有效信息后，用化学语言解答题目。

教师要结合化学学科的特点，培养学生的阅读能力，化学知识点重在理解，学生要先理解再记忆，切记不能死记硬背。因此，对于化学概念或者定义而言，教师要指出关键词，形象地向学生解释概念或者定义，引导学生思考并进一步理解概念或定义，培养学生的分析理解能力和阅读习惯，实现高效和高质量学习，教师可以通过以下五种方法培养学生的化学阅读能力。

（1）明确阅读要求。要求学生在阅读过程中，标出重点和难点，反复阅读，多次分析，将知识融会贯通，用不同的方式标记自己不会和难以理解的知识。强调学生的自主阅读，而不是简简单单地完成阅读任务，此外，通过反复分析理解，学生能够解决阅读中遇到的问题。学生阅读实验流程图和实验装置说明时，要清楚阅读内容、明白实验原理和背景知识、明确实验条件和要求、厘清实验步骤、明确实验需要的试剂、药物和仪器、分析总结实验现象。

（2）控制阅读的时间，把控阅读的节奏。在每次课堂教学时，教师应该留出学生的阅读时间。学生的阅读时间应该是教师阅读时间的 1.5 倍甚至是 2 倍，这样可以保证学生有充分的时间阅读和分析相关内容，能够培养学生的阅读习惯。学生的阅读时间不是一成不变的，教师还可以根据教学内容的多少和难易来统筹安排学生的阅读时间。

（3）引导学生自主思考。教师要根据学生的阅读情况，选择合适的时机进行阅读提示。阅读概念或者定义时，教师可以建议学生区分概念或者定义中字与词的区别，抓住概念或者定义的关键词，有利于学生理解和掌握；阅读理论图时，教师可以建议学生抓住与概念相关的内容，应让学生抓住细节。

（4）点拨粗读与精读相结合。阅读包括粗读和精读两种方式。学生通过粗读的方式可以熟悉知识的轮廓，通过精读的方式分析理解和记忆新的知识，复习以往知识，夯实化学理论基础知识。教师应当教导学生何时使用粗读和精读的方式，哪些内容应该使用粗读和精读的方式，提升学生的阅读能力和阅读效率。在学生阅读前，教师要提示学生应该选择阅读方式。

（5）开展课外阅读。课外阅读有利于化学学习，应该大力开展课外阅读，培养学生课外阅读的习惯。教师可以安排学生课外阅读，并指导学生如何课外阅读，向学生推荐与课本知识相关的科普读物或者杂志，通过拓展阅读能够扩展学生的视野，让学生学习更多的化学知识，有利于学生理解并深化课本知识。

2. 利用实验情境培养感性认知能力

罗伯特·加涅获得由美国心理学会颁布的桑代克教育心理学奖和杰出科学贡献奖，他的主要贡献是将学习理论研究的成果与教学设计结合，他提出了经典的信息加工的学习模式。信息加工的学习模式本质是学生在学习过程中，对知识进行内部加工处理。教师要以学生的内部加工过程为前提进行教学设计，并对学生的内部加工过程有积极的影响。外部学习条件就是学生所处的学习环境，是与学生自身的知识和能力相对而言。教师可以通过有效途径改变学生学习的外部条件，教学的过程就是教师统筹安排和改变外部条件的过程。外部环境其实就是学习情境。学习和记忆相通，因此，记忆的过程是从感性认识到理性认识的渐进过程。

化学教学中最真实的情境就是实验，学生实验观察能力能够反映学生整体的观察能力。学生能够从实验中学到丰富的直观和感性的知识，因此，教师要引导学生认真观察实验，分析实验中蕴含的理论知识。归根结底，观察是主动、有计划、有目的的直觉。教师要从以下两点着手培养学生的观察能力。

（1）指导学生观察，掌握实验现象。学生在观察实验时会出现本末倒置的情况，实验现象的新奇会激起学生的兴趣，但是学生的观察点却发生了变化，学生的注意力不在学习实验现象背后的知识，而是在于实验现象很有意思、很好玩。因此，在开始实验前，教师要向学生提出实验要求，明确观察要素。以镁条燃烧实验为例，实验目的是要求学生掌握和加深化学变化的定义，通过观察实验现象帮助学生区分物理变化和化学变化。但是，在实验过程中，学生的注意力往往在耀眼的白光上，而忽略了化学变化生成新的产物以及产物的状态和颜色。化学现象出现的时间很短，如果学生观察时不能抓住重点或本末倒置，那么化学实验就失去了意义。因此，教师要向学生明确实验目的和要求，让学生带着问题或目标去观察实验，这样才能使学生真正地学到知识。

除此之外，教师还要制订实验学习计划，让学生全面观察实验现象。学生通过实验观察获得直接的感性知识，学生通过加工和处理这些感性知识，最终转变为理性知识。同时，感性知识还能够启发学生思考，让学生透过现象看本质，通过观察实验现象来巩固已学过的知识和学习新的知识，有利于学生扩展视野、发散思维。

（2）启发学生思考，将感性知识转化为理性知识。观察是人的每个器官对周围事物进行知觉和观察，利用思维建立概念、研究分析现象、存储信息的一种心理行为。通过观察能够将感性知识加工处理为理性知识。不观察就获得不了直接的感性知识，无法加工处理成为理性知识；假如仅仅观察表面现象，不深入分析和思考，那么就无法将短时记忆转化为长时记忆，又由于人的脑容量有限，短时记忆就会被新的记忆所替代，以前的学习就等于零。因此，学生获得感性知识后，需要根据实验的目的来确定有用和无用的现象，舍弃无用现象，留下有用现象，并且进一步加工处理和分析思考，将实验中的假设、推论、验证和综合等融合到一起，这样学生就能够充分认识客观事物，有利于将感性知识转化为理性知识，并培养学生理性的观察能力。

3.重视解题思路的能力培养

在试题中挖掘有效的信息和相关的内容，然后与学习的知识相对应的是化学信息处理能力的重要体现。换言之，学生要抓住题目中的重点信息，挑取有用信息，与已学过的知识相联系，在解题过程中学习新的知识，巩固旧的知识，积累解题经验，提高解题能力。

部分同学仅凭记忆就可以应对考试，并能取得不错的成绩。学生和教师都秉持着熟能生巧的观念，通过题海战术巩固学生的知识和培养学生的解题技巧，但是无法培养学生的能力。这样的学习方法不能适应大学的学习环境，大学的教材知识多、内容更专业，试题不仅难，而且还很灵活多变。除此之外，学生还要进行学业水平测试，学习的负担很重。因此，如果还是仅凭记忆是不能适应大学化学学习的，教师要重点培养学生的学习能力。做题的重要作用是学生通过解答试题将已学过的知识和新知识相整合，既巩固了旧知识，又学习了新的知识。教师要从以下方面着手培养学生的解题能力。

（1）精选例题，示范讲解。教师要充分利用有限的课堂时间，通过精讲经典例题来吸引学生。学生高度集中精力的时间一般为 20 分钟，如果要让学生充分利用，教师需要选择经典的题目进行详细讲解，详细分析试题中化学变化的整个过程，包括发生、变化和结果，分析题目中的隐含信息和提示信息，用多种方法来解决试题，让学生学会举一反三。另外，教师还要指出试题中的易错点，哪些点容易设置陷阱，可以将题目中的条件改变让学生重新作答，让学生感受这些条件的重要性，拓展学生的思维，达到举一反三的目的。

（2）分层练习，适时考试。学生通过练习可以巩固课上学习的知识，发现自己存在的问题，教师可以通过考试来检测学生学习情况和能力水平。教师以单元为单位，每学完一个单元或者进行阶段复习后，通过测试检测学生的学习情况和教学存在的问题。有的学校采用月考的考试制度，教师依次出题，因此，教师要把握好出题的难易程度。

一般而言，一张试卷难题、中等难度试题以及简单题的比例为 2：5：3。月考的目的是了解学生的学期情况，发现当前教学问题，因此试卷的难易比例要适当，不能以难题、偏题或者怪题为主。学习是循序渐进的过程，要从易到难，通过做简单试题来巩固知识点，只有掌握了知识点，才能解决难度大的试题。学生可以从练习容易题中建立信心，享受学习的快乐，这样学生才会有信心、有兴趣地学习，还可以从容易题中学习基础知识，培养自己解决问题的能力，一味做难题不仅不能掌握知识，还会打击学生的积极性，增加学生的心理压力，导致厌学情绪。

（3）教师及时指正，学生自我反思。教师要认真分析学生练习和考试的成绩，根据学生的答题情况给予相应反馈，有针对性地讲解，让学生知道自己错在哪里，错的原因，哪类知识点没有掌握，让学生通过练习和考试了解自己的学习情况，再根据教师的指导反思，认真分析错题，重新复习知识，达到温故而知新的效果。学生还要认真分析题目，找到题目的隐含信息和提示点，寻找多种方法来解答题目，培养举一反三的能力。

总而言之，错题本是众多分析错题方法中不错的方法，学生将错题记在错题本上，写上自己错误的原因，分析自己为何出错，有利于自我反思，能够很好地提高学生的成绩；除了错题本，学生还要建立例题本，将教师选择的经典例题记录在例题本上，同时，还要写上例题的分析方法以及自己对例题的感悟。这个过程有利于学生将新知识和旧知识串联起来，形成自己独特的答题思路，提高学生的学习能力。

第五节　高中化学教学中微课方法的应用

在高中化学教学中运用微课方法，主要是将视频作为重要的载体而开展的一种教学工作，利用此方法，不但可以促进学生的日常学习，还利于改善传统教学之中所存在的弊端问题，强化学生的总体学习水平。对此，高中化学教师要切实凸显微课方法在实际教学中所具备的作用。让学生更为高效地学习化学知识，为今后的化学学习奠定扎实的基础。

一、应用微课方法，指导学生进行预习

以往在开展高中化学教学工作时，教师所运用的教学方式均较为传统，如让学生直接记忆和掌握相关的原理及概念等，以期通过此方式提高学生的化学学习能力。但是，此种方式不但难以达成显著的教育成效，甚至还会在较大程度上影响学生的化学学习兴趣。并且，在预习阶段，也会使学生处在单一化的预习状态之下，不能保障预习效果。

针对上述情况，在当前开展高中化学教学工作时，教师可以积极地应用微课方法，指导学生进行良好的预习。在具体教学期间，教师除了沿用一般的教学方式之外，还可以制作符合教学需求的微课视频，以微课的方式促进学生对即将学习的化学课程实施有效的预习，以此促进学生更为充分地明晰与掌握化学知识内容。需要注意的是，使用微课的方法指导学生进行预习时，微课中不必涵盖所有的知识内容，仅需要包含框架基础内容则可。

另外，对于高中化学教师而言，需要保障学生可以积极完成所布置的预习任务，为此，教师通常会强调学生在课堂学习之前展开预习，然而总有不少学生会忽略课前预习。所以在课前预习环节之中，教师应加入需完成的预习任务，确保学生可以在预习的过程中了解相应问题。在课堂教学之中，教师需结合预设的问题进行提问，以此保障学生的课前预习效果。教师在制作微课视频时，可以融入趣味化元素，如在微课视频的开头先融入一个相

关的课堂小故事，这样有利于激发学生在学习化学知识时的兴趣，让其更为主动地学习化学知识。

二、应用微课方法，解析重点与难点内容

微课方法不但可用于预习环节，也可以积极地运用于课堂教学工作。教师可以运用微课方法，促进学生理解重点和难点知识内容。在实际教学期间，受到一些因素的影响，如学生化学学习水平或是教师教学经验不够充足等的制约，也容易产生重点和难点知识讲述不充分的状况。为此，教师可以通过播放相关的微课视频来促进学生理解，这样不但能够活跃化学课堂的氛围，也有利于提高学生在化学课堂中的参与度，进而保障学生的化学学习质量。所以，对于高中化学教师而言，在开展化学教学工作时，也应有效运用微课来解析重点和难点知识内容，这样可以促进高中化学教学工作的开展，可以更为有效地实现教学目标。

另外，化学教师在对重点和难点知识进行解析教学的过程中，可以通过微课融合科学性的启发式教学，设计完善的教学方案，这样不仅可以充分体现教学方式运用的根本意义和有效性特点，同时在教师科学的启发作用下，可以全面提升学生积极的学习意识，使学生主动探索、分析化学学习重难点问题，实现综合发展目标。因此，针对高中化学教学重点和难点，教师可以通过科学化的微课教案设计进行教学，以完善的教学方案，强化发展学生思维水平。

三、应用微课方法，呈现化学实验全过程

在高中化学教学中，实验占据着较大的比重，而且也尤为重要。学生在学习化学知识的过程之中，也不能只依赖教师的直接讲述，或是全然依赖书本之中的内容，而是需要注重将化学知识的学习和实验的开展相互融合。所以，对于高中化学教师而言，在开展教学工作时，要高度重视开展化学实验教学，如果能够保障化学实验教学的质量，那么就能够促使学生深入掌握化学知识，强化学生的动手操作能力，推动学生获得更为全面的进步与发展。

同时，开展高中化学实验教学，还可以促进学生形成良好的学习态度，让学生能够尊重客观事实。然而，在具体教学过程之中，由于受到多种因素的影响，导致不少的化学实

验无法在课堂之中展开。面对这种情况，利用微课方法展开教学就显得十分必要。微课方法可以呈现出化学实验的整个过程，使学生能够在线观看微课视频后，切实明晰化学实验的主要步骤，以及实验过程中所涉及的化学知识，如此则能够避免因素限制导致化学实验不能开展的情况，让学生可更为高效地吸收和掌握化学知识。

第五章　微课在高中化学教学模式中的应用

第一节　高中化学教学模式的思考

教师须创新高中化学教学模式，积极主动发挥其主体作用。并且，信息时代的教学改革是我国的学校进行人才培养的一个关键性途径，是我国人才培养的需要，也顺应了我国创新型发展的时代潮流。只有将信息人才的培养融入学习相关的教育工作中，开展一定的创新，对化学课程开展一系列的改革工作，转变其老旧的教育方式，创立新的教育模式，适应新时代科学技术的发展潮流，增强人才整体上的竞争力。这样才可以让学生积极、主动地投身于大量的实践活动中去，充分地把握好每一个机会，在一定程度上拓展学生的信息思维与逻辑，增强学生的技术与能力，有效地提升学生的综合实力，推动学生与社会市场接轨。

一、创造以学生为主的课堂

教师首先要让学生形成一种意识，明确学生的主体地位，创设轻松的环境，推动教师与学生之间的沟通，从而进一步提升自己的专业素养。并且，还须科学选择、有机整合课程内容，让学生掌握客体的特征，确立研究对象。例如，在学习"海水中的化学元素"时，教师可以让学生先自学，并归纳出本节课的内容以及不清楚的问题，学生再自主地查询一些关于氯气等的知识。搭建"探究＋竞赛"的学习小组，教师可以首先给出需进行设计的题目，学生通过自主思考，以小组为单位将方案写在黑板上，全班再进行最后的讨论，发现问题后教师再加以纠正。这样不仅加强了学生的课堂参与度，还进一步提升了学生学习的兴趣，从而提升课堂效率。

二、加强培养学生创新思维

对于化学学科而言，其具有极强的操作性，所以相关的教师需开设多一些实验，进一步培养学生的创新思维。教师可以通过网络以及新媒体的许多优秀功能，制订相关的教育改革计划，进行一定的课程创新。例如，模拟出一个实验流程，真正地还原各个实验。可以运用多媒体的课件中的视频、图片以及文章资料来引入实验课程知识，从而促进学生学习化学实验课程的兴趣，让学校培养出来的人才更好地适应新时代教育发展的潮流。例如，在学习"化学计量在实验中的应用"时，需要使用大量的实验器具，所以导致有一些学生会无法接触到这些器具，所以可以播放一些视频以及图片，让学生们可以进一步了解实验的流程等，创新教学方式，促使学生拥有更大的进步。

三、加强关注化学基础教学

公式以及原理是学生进行化学学习的基础，掌握公式以及原理之后才能找出相关的解题步骤，化学思维能力才能不断地提升。所以，在实际具体的教学活动中，教师应该着重关注学生的公式掌握状况，提升其对公式的掌握程度，并且督促其及时地进行复习与应用，要求学生熟记各项公式，巩固化学思维能力。

此外，在化学课程中，可以将学生分为各个小组，开展自我展示与评价，并通过多种形式收集反馈信息，促进教育的信息化建设。建立学生数据库，学生的学习信息、成绩数据以及评价成绩等做成电子档案，保障信息化管理的成效与品质，还可以在一定程度上推动学校的信息化建设，推动信息时代的教学改革，创新教学方式。

四、以问题为导向形成课堂模式

教师需要使用多样化的教学方法，优化与完善问题情境创设工作，丰富情境教学活动的种类以及形式，让学生们可以在轻松的环境中进行学习，让其自主地找出主要的客体，确立研究对象。然后再依据教学活动时产生的问题进行总结，从而有效推动高中学生的化学思维能力，和其学习能力。可以结合学生自身的特点以及实际的教学情况，以任务为中心，引导帮助学生处理课程中的难点，通过练习不断提升增加难度，这样一来就能在一定程度上提高学生自身的专业技能，以此来满足我国教学改革的要求与目的。

综上所述，相关教师为了解决现阶段高中化学教学模式存在的问题，需要进行一定的创新与实践。首先，要创造以学生为主体的课堂，完善问题情境创设，加强实验课程，培养学生的创新思维，促使学生拥有更大的进步；其次，还需注重化学基础教学，重视评价与反馈，保障信息化管理的成效与品质。这样一来，就能促进高中学生化学学习能力的培养，让学生有良好的化学基础。

第二节 高中化学教学中的 PBL 模式

一、PBL 模式的认知

PBL 是 Problem-Based Learning 的简称，中文一般译为基于问题的学习或问题本位学习。概括而言，PBL 模式是把学习置于复杂的、有意义的、真实的问题情境中，通过让学生合作解决真实的问题，来学习隐含于问题背后的科学知识，形成解决问题的技能，并发展自主学习能力的一种新的教学模式，这种教学模式让学生在特定背景下通过协作学习解决问题，有利于学生学习兴趣的激发，强化学习动机，并且有助于学生学会学习，学会解决问题，做到自主学习、合作学习。

（一）PBL 模式的要素

PBL 模式的要素简单概括为三个方面：问题情境、学生和教师。课程围绕问题情境组织、展开，学生是致力于解决问题的人，而教师扮演的是学生解决问题时候的工作伙伴和学生解决问题过程中的指导者。高中化学与生活息息相关，较多素材都有利于用于创设具有一定意义的问题情境。当学生处于问题情境中能多角度看待事物的环境，能激发学生的探索欲望，维持学习的兴趣，在强大动机的驱使下能识别问题的症结所在，积极地寻求解决问题的方法。同时能得到教师的指导，构建与后续学习的需要和联系，培养自主学习的能力。

（二）PBL 模式的理论

教育学、心理学的发展，为 PBL 的教育、教学改革提供一定的实践指导和理论支持，下面将从教育学基础和心理学基础上与 PBL 联系较为紧密的布鲁纳的发现学习理论、创新教育理论以及杜威的实用主义教育理论三个方面进行概述。

1. 布鲁纳的发现学习理论

20 世纪五六十年代，美国知名心理学家布鲁纳提出了家喻户晓的发现学习理论，发现学习中教师和学生的角色有了很大的改变，其强调教师不是知识的陈述者和解释者，而应成为学生的助手和问题的提出者，帮助学生理解学科的思想和结构。学生应该是一个"思考者""发现者"，能在教师的启发引导下，利用教师或教材提供的材料亲自去发现问题的结论、规律，了解学科知识的结构。

布鲁纳的发现学习理论是一种情境性的探索学习，具有以下特点：第一，发现学习就是引导学生发现自己想法的过程，运用自己的思维去学习；第二，学生自主建构知识，使知识成为自己的知识，教师应帮助学生把新知识同已有的知识结构建立联系，利用已有知识结构去建构新知识、发现新事物；第三，自我激励式的学习，注重学生的内在动机，唤起学生主动建构的热情；第四，采用共同建构的假设式教学，教师和学生相互合作、交流，学生积极地参与各种活动，在师生、生生合作中主动建构知识。

从发现学习的内涵、特点可以看出发现学习与 PBL 具有很强的联系，二者都强调学生积极主动参与建构自我的知识结构，要求教师不仅仅是简单地传授知识，而应该给学生提出问题，同时指导学生运用发现学习法或 PBL，让学生自己获得对问题的解决策略、解决过程的理解。综上可知，布鲁纳的发现学习理论对有效地落实教学具有关键的理论和现实的指导意义。

2. 创新教育理论

创新教育是以培养人的创新意识、创新精神和创新能力为根本目的实践教育，在学生综合能力的培养中强调创新素质的重要性。问题是知识向创新转化的中介，是创造的必要非充分条件，没有问题就没有创新，要保护和发展学生的创新性，先要强化学生问题意识的培养。可以将创新教育看作以培养学生问题意识为起点的"问题教育"，始终围绕着问题展开，主要强调发现问题、提出问题、分析问题、解决问题的过程。培养创新型人才需要创新型课堂教学，才有可能把人的创造力最大限度地开发出来，一般而言，创新型课堂的教学有五个显著特征：第一，课堂教学的前提为创新教育思想，并在创新教育观念的指导下，改变传统以"课堂、课本、教师"为中心的教学观；第二，以创新为目的，摆正继承与创新的关系，体现创造性；第三，以学生为中心，体现主体性，为学生提供充分从事教学活动的机会，让学生成为课堂的主人，教师不再是教学的"主导者"；第四，以问题为中介，体现创新思维，让课堂教学始于问题、归于问题，让问题成为贯穿课堂教学过程的主线；第五，以开放为特征，体现生命力，主要表现在教材和教学过程的开放，打开学生的思维。

从创新教育的本质及创新型课堂的特征可以明显体会到它与 PBL 理念的相似之处。PBL 教学模式具有创新型课堂教学的上述特征，改变了传统封闭式的学习环境，其教学活动富有开放性和实践性，学生是课堂的主人、活动的主体，让学生经历发现问题—分析问题—解决问题的过程，来培养学生自主获取知识、运用知识和创新知识的能力。

3. 杜威的实用主义教育理论

近代美国知名的实用主义教育家杜威，强调教育的社会必要性，要以社会生活为基础，反对以"课堂、教材、教师"为中心，鼓励把学生置于问题情境中，并帮助他们探究，他的实用主义理论直接支持了教学的发展。具体而言，包括以下方面。

（1）以儿童为中心。杜威的理论中重视儿童的主体地位，强调儿童自身所具有的能力和主动精神，主张要细心地观察儿童的兴趣，反对传统教育忽视儿童的兴趣、需要的做法，认为教育应以儿童为起点，教师扮演的是"合作者、帮助者和引导者"的角色。

（2）以社会为中心。依据杜威所持的"学校即社会"的观点，他选择与社会、生活、科学相关联的信息作为教材内容，创设一个社会性的开放结构作为课程结构。他认为书本上或者是教学中直接传递的知识为"惰性知识"，不应该成为学生学习的知识，只有在具体、真实的问题情境中去学习，知识才能被灵活运用，富有实用价值。

（3）以活动为中心。杜威重视实践应用，认为儿童是社会化的积极学习者，所以教学应以为活动为中心，含情境、问题、假设、推理、验证五大要素，应唤起儿童的求知欲与兴趣，促进他们进行学习，培养学生各方面的能力。教育是一种社会过程，而学校是社会生活的一种形式。

综上所述，可以看出杜威的教学思想与 PBL 的联系，杜威的教育理论直接支持了 PBL 教学的发展，同时也突出了 PBL 的特点，为 PBL 提供了哲学基础。

二、高中化学教学中 PBL 模式的优点

（一）PBL 教学体现高中化学教学的目标

高中化学课程改革的目的是迎合时代发展的需要培养高素质的人才，不仅仅停滞在学生掌握知识与技能的层面上，更注重学生学习化学的兴趣，重视学生科学素养、正确价值观及实践能力的培养。新课程的教学目标具有发展性，关注学生的未来发展，强调学生自主学习、合作学习、终身学习意识的培养。

PBL 教学强调以学习者为中心，通过创设开放性的学习环境，让学生充分参与化学教学活动，不仅能激发学生的学习兴趣，也有利于学生的个性发展。解决问题过程的相互协作、自主思考，有助于培养学生的情感态度与价值观，促进综合能力的培养。PBL 以问题作为学生学习的驱动力，围绕问题这个中心，创设和谐、民主的教学环境，提供更多的、有意义的、适用性强的相关教学资源，使学生参与到有意义的学习中来，有利于提高学生的科学素养。综上可以看出，高中化学教学目标与 PBL 教学目标大体上是一致的，了解并把握好上述目标对学生而言意味着学会求知、学会共同生活、学会做事、学会生存。

（二）PBL 教学体现高中化学内容的特点

课程改革的一个根本目的就是要解决学校教育与社会生活、生产以及科学发现严重脱节的问题，从而提高学生的综合素养、科学素质。化学是一门应用性很强的学科，和日常生活、工农业生产的联系较为密切，从解决实际问题开始组织教学是可行的。课堂教学需从学生解决这些及其他一些日常生产生活中遇到的实际问题开始，让学生去发现问题、提出问题、收集信息、设计方案、解决问题并得出结论，教师应及时给予学生适当的方向性的指导。高中化学内容涉及很多的概念、原理、规律等，往往因其高度的概括性、抽象性，使学生感到枯燥乏味，从而难以入手，影响了学习的情绪。

因此，可把学生所要学习的知识与他们周围的现实生活联系起来，从中发现问题，最后确定需要解决的问题。为使教材更加生动活泼，新课程改革后在高中教材中设置了大量的探究课题，强调改变传统教学中学生被动接受知识的状态，鼓励学生主动地探究学习。所以可以问题为突破口，以学生为主体，让学生收集资料，设计相关的探究实验，有利于知识的迁移、运用，为真正改变教材与实际生活的脱节提供可实现的具体途径。

（三）PBL 教学符合高中学生的学习特点

在高中阶段，学生的认知结构发展基本完整，认知能力不断完善，思维能力更加成熟，能脱离外部表现的束缚，通过现象揭露对象的本质特征。考虑问题，能多角度全方面分析，明辨主要问题与次要问题，能考虑到各种不同情况，做到具体问题具体分析，具体如下。

第一，在高中阶段，学生的抽象思维、逻辑思维、辩证思维快速发展，其能力大幅度提高，思维更具目的性、方向性，思维过程更加灵活。能用多种法则、公式、原理去解决新问题，能运用理论假设进行思维，遵循提出假设、设计实验、验证假设的一般过程解决问题。

第二，高中学生生活经验丰富，生活常识与科学知识逐渐累积，能更深刻地了解事物之间的内在联系，思维具有更强的预见性，迁移运用能力增强，能产生更多不同的想法。同时高中生能够有意识地进行自我反省、自我控制，促进了思维的正确性、高效性。

第三，高中阶段学生思维、认知的特点，自我意识的发展以及丰富的生活经验，都表明 PBL 学习对高中生而言具有巨大的应用空间。

三、高中化学教学中 PBL 模式的原则

第一，主体性原则。PBL 模式强调在化学教学中要充分重视学生的主体地位，从问题的发现到问题的解决这一过程中，都要求学生主动参与。学生是问题的解决者和意义建构

者，教师只是扮演问题解决过程中引导者和协助者的角色，提供学习材料，引导学生学习，监控整个学习过程，使化学教学顺利地进行。要提倡师生间、生生间的交流与合作，充分发挥班集体促进学生主体性发展的作用。

第二，全面发展性原则。化学教学要促进学生的全面发展，PBL模式在应用时，要充分重视从学的角度思考教学问题，关注学生主体性、创造性、自主性的全面协调发展，让学生在获取知识与技能的同时思维、能力、情感都得到培养，在教学中实现学生自身的全面发展。

第三，情境建构性原则。PBL是基于真实问题情境的学习，让学生在有意义的、复杂的、真实的情境下学习，同时为他们提供相关的材料，学习过程中给予及时的指导。问题是学习的开端，所以问题情境的构建对教学的顺利进行及教学的有效性起着决定性作用。化学是一门以实验为基础的学科，并且与社会生活、生产息息相关，教师应以化学内容及其特点为基础，以生活生产实践为背景，创设真实的问题情境，使知识问题化，问题情境化，学生由疑而提出问题，产生求知欲，进而解决问题，从而深入地理解教材。在问题情境的互动教学中，每个学生在原有的知识经验的基础上不断将知识与技能、过程与方法、情感态度与价值观整合在一起进行自主建构，从而实现学生各方面素质的协调发展。

第四，预设性与生成性相融合的原则。在化学教学中运用PBL模式，更加注重学生的主体地位，强调师生间、生生间的交流与协作，这导致互动的过程中会生产许多无法预期的结果。再好的预设与课堂实施之间必然存在一定的差距，当教学过程中有偶发的事件时，教师应把握课堂教学中闪动的亮点，根据实际情况进行灵活、积极的引导和指导，推动教学的动态生成，使教学更加灵活机动。所以要有效地实行高中化学教学，必须做到预设与生成的有机融合并且及时反思，使二者相辅相成。

四、高中化学教学中 PBL 模式的运用

PBL学习一般有四个基本流程：第一，从问题出发，教师根据教学目标、教学内容、学生情况来创设一定的问题情境，学生通过分析问题情境明确所要研究的问题；第二，确定学习小组，对问题进行深入分析，明确关于问题的相关信息哪些是已知的，哪些是未知的，小组成员任务分工获取所需的信息、制订研究计划和安排任务；第三，学生对所收集的信息进行分析、整理，交换意见、思考解决方法，提出可行的解决问题的途径；第四，总结、反馈，确定及展示成果，评价基于问题的学习过程及结果，总结所学的知识。

将PBL应用于高中化学课堂教学中，学生是问题的发现者，是知识的建构者，是致力于解决问题的人，积极主动地学习，避免学生成为被动消极的接受者；教师是教学过程

的组织者、促进者，学生认知和元认知上的指导者、引导者而不仅仅是知识的传授者；教材所提供的知识不再是教师传授的内容，而是学生主动建构意义或创新的对象；学生的学习活动贯穿着两条线索：问题解决和获取新知，围绕发现问题—分析问题—解决问题这条主线展开。具体而言，高中化学教学中 PBL 模式的运用可以从以下方面着手。

（一）创设问题情境，形成主题问题

PBL 模式把学生置于有意义的、复杂的情境中，学生是致力于解决问题的人，通过分析问题、解决问题进行一种有针对性、实践性的学习，问题情境是这种学习的组织中心，它激发并维系着学生的兴趣。问题情境在 PBL 教学中具有关键意义，良好的问题情境一般应该具备以下几个特征。

第一，创设问题情境与实际生活有联系，所涉及的问题在学生认知的最近发展区内，且学生针对问题情境，可进一步提出更多明确的问题。

第二，问题情境能激活学生头脑中已有的知识，增强学生头脑里知识的可取性，并推动他们去学习新知识，把所学知识与实际应用联系起来。

第三，提出问题的方式要能引起学生的兴趣和好奇心，提出的问题如果大家合作，解决问题的效率应该是提高的，而不是降低的。

第四，良好的问题情境中的问题应该是劣构的问题。问题是复杂的，没有一个固定的解决模式，有多种解决办法也有多种答案。

基于以上情境创设的特点，教师创设问题情境时先要分析学习内容，了解学生原有的认知水平及生活经验，确定科学、合理的课堂教学目标；其次要对学生的学习环境进行分析。创设真实、有意义的问题情境，形成主题问题。主题问题应该是劣构的而非单一的，能吸引并推动学生持续地研究，明确主题问题的价值所在及与学科知识的联系，进一步判断该情境是否与教学目标、学生的现状相关联，在当前课堂环境下是否有可能解决这个主题问题，学生在学习中能否获得思维策略、解决问题的策略以及对以后的实际生活能否起到帮助。最终可根据学习环境的具体条件、学生的认知习惯选择某种恰当的形式来呈现问题。

（二）收集相关资料，探究解决问题

由于一些问题具有复杂性，学生需要以小组为单位进行学习。在学生自愿与教师适当调整的原则下，学生自愿分小组，教师适当调整，优化小组结构，确立学习共同体，分组进行交流讨论。对所需要的信息与资源，学生可以通过多种途径收集资料获取信息。小组成员之间、小组与小组之间在学习过程中可以相互共享资源，相互交流想法，相互鼓励和

沟通。

教师应为学生提供具有指导性的材料或资源，帮助学生理解学习问题，方便学生自己收集信息，促使学生在课堂学习环境有限的时间、空间、资源的条件下，可以更有效率地解决问题。

（三）确定需要解决的学习问题

PBL教学常以问题开始，为了细化问题，将PBL中的问题设计为两层：主题问题和学习问题。学习问题的界定要避免只是从"主题问题"中简单地分化出可供学习的子问题，学习问题的确定要考虑多方面的因素。因为某些客观条件的制约，学生并不能完全自主地选择自己的学习问题。但能够保证的是，学生确定的学习问题一定是在考虑本身实际情况的基础上，从有限的子问题中选择出来的。学生最终确认的学习问题应满足三个条件：首先，必须要有明确的知识欠缺；其次，对学生所产生的知识欠缺具有至关重要的作用；最后，教师在帮助学生发现知识欠缺后，不需要做出及时的补充，而是要逐步引导学生形成独立学习。

学生针对问题情境下的主题问题可以进一步提出一系列子问题，教师根据这些子问题与教学内容和教学目标、学生原有知识经验和认知水平的相关度，以及在课堂环境下探究的可能性，引导学生确定子问题中可能指向关键性概念的问题，将能够达到教学目标的问题作为学习问题，并且对所确定学习问题进行分析，激活学生已有的和学习问题相关的知识，明确已有知识与新学习知识之间的差异。通过学习问题的解决，推动学生有目的、有成效地学习，掌握知识，发展技能。需要注意的是，学生解决问题时缺少的知识和技能才有可能成为学习问题。

（四）进行成果展示，重视全面评价

在确定和展示成果时，我们应明确最终成果是问题解决过程的核心体现，以此来增强学生解决问题的动力，并注重解决问题的过程。为了达到令人满意的成果，小组成员之间应加强解决问题的驱动力，积极互动、交流和协商。成果是问题解决过程的集中展示，我们可以组织学生以适当的形式展示小组解决问题的收获和结论。一般而言，展示的内容主要包括最终成果展示、小组活动计划、任务分工以及解决问题过程中的重点等方面。

需要注意的是，成果应当是真实的，是小组成员协作探究学习问题、解决主题问题的过程中所获得的真实结论，此外，PBL中的评价在一定程度上反映学生的学习表现，是为促进学习、改善学生学业表现服务的，强化评价的激励与发展功能，不能单纯判断学生的成绩，要善于通过发现问题、解决问题、收集资料以及实验探究过程中的各种活动对学生

进行全面评价，要重视对知识建构过程的评价而不只是对结果的评价要综合教师的评价、学生自己的评价、学生之间的评价，还要评价问题本身以及教师利用问题的效果。

第三节　高中化学教学的生活化模式

生活化教学就是从学生自身的经验出发，强调知识与生活的联系，创设生活化教学情境，学生和教师共同参与到教学活动中来，在教学过程中共同发展。

一、高中化学教学生活化模式的原则与结构

（一）高中化学教学生活化模式的原则

第一，主体性原则。在新课改的理念下，教师要改变以往的填鸭式的教学方法，教师要认识到学生是教学的主体。所以教师在教学过程中应充分重视学生的主体地位，充分调动其主观能动性，使学生参与到活动中来，不仅使学生掌握化学知识，更能培养其学习能力。

第二，科学性原则。生活化教学还要遵循科学性原则。科学性原则是指在教学过程中教学素材的选取、问题情境的创设、教学过程的设计都要秉持严谨的科学态度，遵循学生的认知规律。例如，有时学生的生活知识并不符合科学规律，这时教师就要引导学生通过学习掌握正确的科学知识。

第三，开放性原则。一方面，教师在组织教学活动时素材的选取不能只局限于教材中的生活化素材，应从多个渠道收集和化学相关的各种信息，如网络、电视媒体、杂志等，从中获取有效的信息，把教学活动从课堂延伸到实际生活中；另一方面，化学是一门自然学科，与其他学科如生物、化学等也有着千丝万缕的联系，所以生活化教学在实施过程中要遵循其开放性特点。

（二）高中化学教学生活化模式的结构

第一，创设情境。创设情境就是要把高中化学知识寓于一定的情境中，让知识形成一种主动靠近学生的形态，而不是冷漠固化地等待学生艰难的探索。这就需要充分了解学生已有的生活经验与高中化学知识的联结点，这样就易于打破知识与生活经验的界限。使知识主动走向学生，让学生在悄无声息中将知识内化。创设情境的途径很多，如化学史、化学事件、生活经验、生活常识等都可以很好地使知识主动与学生产生对话。

第二，活动探究。情境创设好以后，必须要用一定的具体组织形式表现出来，这种组织形式就是活动探究，活动探究是情境的载体，是情境得以发挥作用的外显形式。由

此可见，学生的知识学习必须要通过一定活动来实现。活动探究主要包括：课上的实验探究、小组讨论、角色扮演等；课外的参观、调查等。另外，由于化学是一门以实验为基础的自然科学，所以，在化学课堂上的活动探究的形式以实验探究为主。在组织实验探究的时候，要注意指导学生实验，强调实验的注意事项，在保证实验的安全基础上，突出学生的主体地位，鼓励学生放开手来，让学生尽情"在做中学"。化学教师在组织活动探究的时候，除突出学生的主体地位之外，还要注意课堂时间的有效利用以及课堂秩序的有效把控。

第三，知识内化。想要让学生将知识内化，教师必须在活动探究中提出贴近生活且富有启发意义的问题来促进学生思考交流。教师精心创设的生活化的问题情境，与学生平时的经验相关联，学生就有了学习的内在动机，并且契合度越好，学生进而能主动、高效地学习，这也是在教学过程中挖掘生活化的化学问题的原因。此外，如何精设问题，促进学生思考，并将知识内化为自己的知识，教师要结合教育实践，使学生在有限的教学时间里内化知识，提高教学有效性。在实际操作中，教师可采用"是什么—为什么—怎么样"这种思维导引方式，层层递进，促进学生逐步内化知识。

第四，践行生活。化学蕴含在我们生活的各个角落，教师应当指导学生将化学知识践行到学生的生活实际，让学生善于发现化学、解决化学问题的能力。此外，将生活中的化学问题可以作为学生将化学知识践行生活的目标。当学生成功用所学的化学知识解决生活中的化学问题时，有利于提高其内部构建化学学科的逻辑体系。所以，可通过解决学生生活中的化学问题，来学习化学知识，构建学科知识逻辑体系。最即时的作用是所学的化学知识得到强化，懂得如何应用化学知识处理化学问题。并且同时体验到化学的价值所在，激发学生学习的动力。例如，在学习"乙酸"一课时，在探究了乙酸的化学性质以后，就告诉学生，如果缺钙，可通过煮排骨的时候加些醋的方式，这样可起到补钙的作用，喝醉酒可通过适当喝醋解酒，等等。通过一定的具体实践形式内化知识之后，教师设置生活化的问题引导学生进行探究，或者通过布置生活化的作业等形式践行生活。

由此可见，这种"从生活中来再回归到生活中去"的四环教学模式，从学生已有的现实生活出发，以建立生活化的教学情境为中心，积极开展有效的活动探究，让学生将生活经验迁移到化学知识的学习中来，并在生活中学会用化学的思维方式解决问题，指导生活。这种教学模式，促使教师关注学生的现实生活，设计教学情境，组织开展活动探究，引导学生使知识逐步内化。在整个教学过程中，力求突出学生的主体地位，符合化学新课程标准的基本理念。

二、高中化学教学生活化模式的重要价值

（一）提高学生的科学素养

教育是社会活动的一部分，它发生在现实世界中。新课改下的化学教育关注现实生活中学生之间、学生与教师之间、学生与社会之间的交流与理解，把书本理论纳入现实生活世界中，赋予教育活动以生活的意义和生命的价值。教育活动实现的不仅是对科学术语和基本概念的理解，同时也是对科学过程的理解，更是对科学技术和生产生活相互关系的理解。

化学教学关注的是学生自身的经验、兴趣和自身发展的需要，使枯燥的自然科学内容在现实生活中得到体现；通过学生对现实生活的观察，更深刻地体会科学的应用价值；不仅希望充分发挥个人的特长和想象，更可以在学生自身发展得到实现的基础上，将化学学科理论知识和科学素养的本质结合在一起，并在学习主体身上得到体现；不仅注重化学概念的学习和化学知识体系的认识，同时在学习化学的过程中有意识地体现科学的思想、科学的方法和科学的价值观。

化学学习要求学生将社会经验与课本知识真正联系起来。作为一门自然科学学科，化学有自身的优势：在真实背景下学习化学，有利于让化学教学更深入地走进学生的生活，走进社会，真正实现让学生从生活走进化学，从化学走向社会。使学生在学习的同时感受到化学在生活中的价值和对社会发展起到的作用。这样，不仅可以提高学生学习化学的积极主动性，同时可以真正培养学生的社会责任感。

（二）教学方式的有效探索

现代社会的许多社会问题都与化学息息相关。在学习基础知识的同时，培养学生关注社会热点问题的习惯，是未来学生自身发展的需求。学生学习知识的最终目的是将理论应用于生活。新课改下的化学教育可以让学生在传统学习的同时了解到化学知识来源于生活，并将最终在生活中得到体现并应用于现实生活中。在这样的氛围中，学生可以养成积极发现问题、思考问题、解决问题的习惯，从而不断提高学生学习新知识并将其应用的能力，这样做为学生未来的发展和终身学习能力的培养提供了有效的路径。

三、高中化学生活化教学模式的优点与挑战

（一）高中化学生活化教学模式的优点

通过高中化学生活化教学模式构建的理念和实践证明其优点：使固化的化学知识生动

化，晦涩的教学内容通俗化，抽象的化学知识形象化，复杂的知识简单化。因此，高中化学生活化教学模式的建立与实施具有重要的实用价值。

第一，高中化学生活化教学模式能够促进学生的全面发展，原因在于高中化学生活化教学模式实施的核心在于创设生活化的情境，在这样的情境中，对学生学习知识可起到良好的迁移作用，使学生知识与智力和谐发展。"同时倡导关注学生践行生活，能够促使学生理解和掌握化学知识，增加科学素养，提高社会适应能力。"[①]

第二，高中化学生活化教学模式契合新课改要求，突出学生主体地位，课上充斥着大量的学生自主实验探究，给学生自主高效的学习空间，而教师更多的是开发者和引导者，同时也是学生学习的合作者。

第三，高中化学生活化教学模式有利于化学学科在实际生活中的价值体现，使得化学这门科学贴近实际。长期实施高中化学生活化教学，不仅会使学生掌握化学学科知识，还会使之掌握化学学科思维，并逐步利用化学学科思维掌握发现问题、分析问题、解决问题的能力，实现从知识的内化到知识的践行。

（二）高中化学生活化教学模式的挑战

影响高中化学生活化教学模式实施的因素很多，其中，最重要的就是对教师的专业化提出了比较高的要求，要求教师要有较强的教学组织能力，能够深入浅出地将知识与学生生活联系起来，能够正确处理科学世界与现实生活的、预设与生成的关系。教师的教育教学素质，直接关系到生活化教学模式实施的成败。另外，社会的发展，教育教学理论的深沉，都会影响生活化教学模式的发展。依照当今的教育环境：关注学生生活、关注学生生存、重视科学素养，由此可见，是非常有利于生活化教学模式的发展的。任何一种模式的发展离不开长期的研究与实践，生活化教学模式发展也不例外，需要一个长期不断完善的过程，我相信这也是其优越性能逐渐外显的过程。

四、高中化学教学生活化模式的实施策略

第一，教学情境生活化。化学教学要紧密联系学生的生活实际，从学生的生活经验和已有知识出发，创设生动有趣的情境。所以，创设问题情境要生活化。例如，通过观察自然现象、演示实验、化学史实等方法创设生活化情境。

第二，教学内容生活化。传统的教学往往只训练学生的解题技巧，而忽略了学生学习能力的培养。因此，新课标更多地体现了知识体系中的生活因素，教学内容与生活联系得

① 宋雪．高中化学生活化教学模式研究与实践[D]．大连：辽宁师范大学，2016：28．

更为紧密，而现实生活才是学生知识的应用场所，教师在实施教学时要注重教学内容应选取和生活相关的素材。

第三，实验教学生活化。在教学过程中，实验不仅可以吸引学生注意力，更能激发学生的学习兴趣，启发学生思维，培养其科学态度。因此，实验教学也必须遵循生活化。一方面，可以选择生活中常见的物品作为实验用品。例如，讲解原电池时可以利用各种水果设计水果电池。另一方面，把实验与解决实际问题联系起来。例如，讲授二氧化硫性质时可以引导学生思考酸雨的预防问题。

第四，课堂训练生活化。学生在课堂上所获取的知识要通过各种训练才能掌握得更为扎实，而学生学习的化学知识将来肯定要应用到社会生活中去，因此，课堂作业不能只训练学生的解题技巧，机械地记忆各种知识点，而脱离生活实际。所以，教学时作业的设计也要考虑到和生活的联系，让学生把所学的理论知识应用到实际生活中去，这样才能培养学生解决实际问题的能力。

第五，教学方式生活化。生活化的教学就是要求教师在教学时要注重生活实际，重视学生的直接经验，选取贴近生活、符合学生心理特点的素材，把理论知识的学习与学生所熟悉的生活经验联系起来，同时还要创设生活化情境，重视知识在实际生活中的应用，创造让学生自己动手实验、观察的机会，把化学理论、化学公式变成活生生的生活，换言之，是在教学方式上体现生活化。

教学方式生活化有多种方法，如模拟生活情境并解决生活实际问题；实验演示生活中的一些化学现象，找出其中的化学原理；列举生活中应用化学知识的实际事例等，以培养学生的综合能力。

第四节　高中化学教学中的开放式模式

一、高中化学教学中开放式模式的本质特征

开放式教学是与封闭式教学相对的，而"问题"又是化学的核心，以开放性问题来引导开放式课堂教学是化学学科的基本特色。因此，化学开放式课堂教学是指在化学课堂教学中，以"开放性问题"为教学内容，以开放性思维为培养目标，以开放性活动为培养方式的一种课堂教学形式。

其开放包括"教学目标的开放、教学内容的开放、教学过程的开放、教学方法的开放、

师生关系的开放、教学环境的开放、学业评价的开放"[1]。化学开放式教学是一种教学理念，一种教学文化，一种教学形式，一种教学艺术，它具有民主性、动态性、创造性、合作性的特点。高中化学开放式课堂教学模式有两层含义：一方面是指课堂教学要为学生创设一个有利于群体交流的开放的活动环境，另一方面是让化学学习活动成为一个生动活泼而富有个性的过程，给学生创新思维提供更广阔的天地，得到更充分的发展。

开放式教学应有三个基本特征：首先，学生与化学活动融为一体；其次，学生的活动是开放的；最后，问题本身是开放的。因此，开放性化学教学，是在开放的人文环境中创设有利于学生探索学习、合作交流的开放性问题情境，在开放的问题解决过程中，学生在已有的认知基础上通过有效的教学方式，使不同水平的学生在不同的层次上得到相应的发展，获得不同的学习和情感体验。开放式教学的本质如下。

第一，教学目标开放。由于学生化学学习能力和水平的差异，教学目标不能追求完全的统一，其理论内涵是人本主义心理学的教学观念。其开放性体现在两个方面：①群体的开放性。整体的目标设计本身就应该具有一定的开放性，换言之，教学目标整体应该是动态的，是可以在教学中适度调控的，如果在教学中大多学生无法达到，教学目标可以随之降低，反之亦然。另外，教学目标还要具有一定的延伸性、发展性，可以促进学生课后反思，为其后续发展预留空间。②个体的开放性。按照我国现在的实际教学情况，还不能为每一个学生设计一个教案，设定一个个性化的教学目标。但是在教学目标设计时要考虑不同水平学生的学习要求，教学目标设定要有层次性。但是无论对于哪一层次的学生，为他们设立的目标都应在他们的最近发展区内，实现每一位学生的个体性发展。

第二，教学内容开放。虽然教学内容的基础是课本，其体系和元素是相对固定的。但教学呈现内容的方式是开放的，呈现的角度是开放的，知识元素可扩展的外延是开放的，这是后现代主义的课程观和建构主义的表达。首先，从宏观设计的角度，化学教学的内容既要强调终身学习必备的基础知识和基本技能的掌握，也要加强课程内容与学生生活以及现代社会科技发展的联系；其次，从课堂教学的角度，教学要根据学生掌握知识和能力发展的情况，对教学内容的适当伸缩，要体现一定的自主性和开放性。

第三，教学过程开放。教学的发生发展总是在动态因子的组合中进行的，因此教学过程应当是开放的，其体现的是后现代主义的教学观。教师为激励学生主动参与教学活动，将时间和空间让给更多学生，鼓励他们动手实验去探求事物的本质。在活动的过程中师生互动、生生活动，使不同层次的学生都参与其中，并不是为了追求外在的开放、形式的开放，而是"愉快学习"和"积极参与"。

① 高广东.高中化学教学中的有效教学理念探析 [M].长春：吉林人民出版社，2019：39.

第四，教学方法开放。教学方法的运用和研究必将是开放的，只要能激发学生的主动性使用任何方法都可以，这是化学教育哲学的思辨。各种教学方法之间应是相互开放的，要求教师灵活运用各种教学方法和教学手段对课堂教学进行动态调控。另外，教学中适当运用计算机模拟与化学实验相结合，促进学生对问题现象与本质的探究。大多数学生对于信息技术的引入和化学实验很感兴趣，希望多开展这样的教学方式；学生发挥学习中的自主性、主动性和创造性，学习的方式也是开放的，可以小组学习或个别参与等多种方式有机结合。教师应做好宏观调控和微观协调的工作。

第五，师生关系开放。开放式教学需要建立民主、和谐、平等的师生关系，其核心是后现代主义的主体论。这种开放的关系既强调教师在教学过程中的主导地位，又要求尊重学生在教学活动中的主体地位。教师与学生一起活动探索，分享经验与成果，引导学生、信任学生，让学生真正成为课堂的主人，既要通过课堂教学来推动学生智力发展，又要通过学生的发展来促进教师课堂教学。教师不再一言堂，学生敢于发言、创新。

第六，教学环境开放。教学环境开放包括教学时间和教学地点的开放、学生心理环境的开放。由于班级授课受课堂时间的限制，往往不能透彻地完成某些教学内容的探索过程，化学课本身具有实验方面的特色，我们应将教学时间和学习环境进行适当的开放，走进实验室、走进大自然。除了教学过程的开放，还可以进行课前和课后开放。学生课前预习课后及时巩固，教师可以布置有开放性的题目，让学生有选择性地、有目的性地学习。

第七，教学评价开放。对于教学评价，应从学生的课上学习情况、课后作业情况、师生互动、生生互动情况、学习的投入情况等方面进行评价。

二、高中化学教学中的开放式课堂教学模式

（一）开放式课堂教学模式的建构原则

第一，开放性原则。开放性原则是开放式教学最直接、最本质的原则。这种开放是全面的开放，从思想到行动，从课上到课后，从教学到评价，努力形成一种开放、弹性、多元的动态体系。教学目标应是弹性的，教学过程应是动态的，教学内容应是开放的，教学方法应是多元组合的，教学结果应是多样的，学生发展应是多种取向、多种可能和多种机会的，教学评价应是多维的。

第二，主体性原则。开放式教学核心是促进教师和学生的双向发展，使其能够准确定位和执行自身角色功能。教师在主导地位上，营造开放性环境，实现学生主体性，促进每个学生的发展。另外，学生在开放环境思维被激发、扩展，可以有效刺激教师自身的教学

反思，为教师提供更生动的教学案例，更丰富的教学经验，更广阔的教学触角，更多元的教学思维。

第三，过程性原则。过程性原则就是在教学过程中师生共同参与，充分体现化学思维过程的一个原则。在教材中，一些结论都是前人总结的结论和定理。我们在第一次接触时也能像前人一样去推理得出结论，教师着力引导学生多思考、多探索，让学生学会发现问题、提出问题、分析问题、解决问题以及亲身参与问题的真实活动之中。在引导学生参与的活动中，学生通过动口、动手、动脑亲自体验过程。由此可见，这种参与方式，才能促进学生思维品质的提升，对学生认知的发展将会产生深远的影响。

第四，合作性原则。开放式教学的目的并不是片面强调学生个体的发展，而是强调群体发展中的个体突破。课堂教学必须发挥集体的作用，在合作当中才能构建真正平等的氛围，才能提供真正开放的环境。而且合作能力本身就是开放式教学培养的核心目标及核心方法之一。

（二）开放式课堂教学模式的具体环节

1. 设置开放问题，进行自主探索

开放题设计的研究已经非常广泛深入，在此不加赘述。但是研究者在此提出的开放题设计不是一元性的，而是学生与教师要共同参与，教师编制出开放题呈现给学生的时候，学生要对其进行自主探索，并可以修正改进开放题内容，这样做到一种双向性的交流互动。教师所提供的开放题是一个能激发学生思维的学习环境。让学生主动探索，积极思考，促进知识的建构，培养学生的探究批判能力。教师则利用多媒体为学生提供内容丰富，信息量大具有交互功能的学习资料。教师要在环境中培养学生思维力，使学生可以更有效地投入后续的合作探究之中。教师在设计开放题时应遵循以下的基本原则。

（1）开放性原则。开放性原则，扩展学生的思维空间，让学生模仿探索创新，开放学生的思维和创造潜力，有利于学生感受领悟到再生创造知识的方法和技巧，培养学生的创新意识和能力。

（2）灵活性原则。灵活性原则有利于学生的思维呈现活化状态，促进学生思维灵活性、敏捷性品质的形成。灵活性原则要求设计时形式要灵活多样、生动活泼。

（3）层次性原则。层次性原则将帮助学生更深入地思考，运用所学知识并不断地扩大知识面，提高学生思维的深刻性。该原则要求设计开放题应讲究梯度，应根据学生的认知规律及思维特点，由浅入深，拾级而上，螺旋上升，层层开放。

（4）实用性原则。实用性原则有利于调动学生分析、研究、解决问题的兴趣，又有

利于学生体会到知识的实用价值，体验到化学知识来源于生活，又服务于生活。从而促使学生自觉用化学眼光去观察、分析生活实际问题，提高解决实际问题的能力。实用性原则要求设计应紧密联系生活实际，多设计一些面向生活的开放题。

2. 确立开放目标，创设问题情境

问题情境是一种内心状态，一种当学生感知到的学习内容与其原有认识水平冲突，对疑问急需解决的内心活动。从定义上分析，它具有三要素：未知的事物（目的），思维动机（如何达到），学生的能力水平（觉察到问题）。心理学研究表明，个体都具有弥补知识空缺、解决认知失调的本能性反应。学生具有了学习新知识的渴望，就能促进其学习中的各种活动。所创设的情境必须是学生现有能力有可能达到的，这样才可能引发有效的思维和成为探索开端。问题情境的有效设置能够引起学生认知的失调，为有效的课堂探究提供保障。

此外，教师在教学活动中，有效地、有意识地创设问题情境，激起学生探究事物的愿望，引导他们体验解决问题的快乐，提高了创造思维。问题情境具有强烈的吸引力，能激发学生对学习的渴望，使学生自我效能感提高，促进学生养成自主想象的思维习惯。而情境创设的依据是教学目标，而有效的情境创设有利于激发学生的问题意识。

（1）知识性教学目标及情境创设原则。知识提供的是思维的原始材料，使人们可以运用它来思考。知识的价值在于作为思考的焦点激发各种水平的理解，而不是作为固定的信息让人接受。

教学目标的实现并不是完全靠教师个人的教学行为，而是必须在与学生合作的条件下才能完成。从教学内容本身来看知识体系并没有很大的改变。但是教师对知识内容的解读和理解方式必须发生相应的改变，也就是改变教师对知识的理解视角。打破原有对知识信息化的理解。知识虽然是以传授信息的形式进入课堂，但它所扮演的角色不再仅仅是讲授的内容课程的信息主线，而是课堂探究的引发剂，是贯穿课堂的信息主线和活动主线。对此，教师在准备课堂教学内容的时候必须考虑到"如何创设情境、引发疑问"这个问题，也就是找到知识本身的"疑问点"，必须做到使学生"有疑而问，而不是无疑而问"，而课堂教学中开放式问题设计更是教学设计的核心。

知识情境设置注意"适中性原则"，虽然化学课堂教学的具体内容是有课标规定的，但对于学生而言都是新的知识，所以，学生内部的认知动机都是一样的，对于获取新知都能起到正向推动作用。因此，教师在挖掘知识内涵的时候应当注意到学生现有知识结构认知水平的状况，合理选题。另外，知识点"引发性"要好，并不是一个难度适中的知识就能引发学生良好的问题意识，开放式教学的目的并不仅仅局限于思维训练还取决于实践能力、情感体验等诸多要素。

知识情境设置注意"多维性原则"，知识本身是一维性的，也就是只能体现其自身的信息性。如果开放式教学中教师只注重知识本身，那么教学过程就只能是知识的传递过程，教学的教育效能就逐渐降低。所以，在进行教学设计时选择知识情境就必须注意到教学其他各方面的要求，在知识情境的设置中就应当加入行为、过程、情感等若干因素，从而丰富教育情境的活动因子增强教育的有效性。

（2）行为性教学目标及情境创设原则。开放式教学中行为的因素被强化，充分鼓励学生在课堂的时候就开放题展开广泛的交流。所以行为能力的培养不再是教育的影响因素，而是成为教育必须实现的教育目标。只有通过学生交流活动才将有效地将所学的知识转化成能力，知识建构才能更有效完成。

教学中行动的意义不单单是使学生的思维更加活跃，使学生产生更高的思维活性，而是通过行为使学生获得相应的能力，形成相应的素养，养成相应的意识品质。教学过程中行为内容的选择，要根据知识内容中渗透的相应的实践能力进行确定，并以此刺激学生的感知觉以更好地获取知识进行建构。知识体系有其建构性，行为能力依然有其建构性，实践能力的养成也是一个螺旋上升的过程，是在一定行为能力的基础上继续建构的。因此，教师在教学中不但要强调化学逻辑分析等行为能力的习得，也要强调化学行为能力的建构，使学生养成的行为能力不是孤立的单个技能，而是有效的行为整体，这样的能力才是有意义的。

（3）情感性教学目标及情境创设原则。在教学目标中考虑意识情感的因素，就是通过现代化的教学理念与教学技术的有机整合实现既教书又育人的教育目的。情感教育的实现可以将知识能力升华为一种精神动力，反向激发更有效的知识学习和能力养成。为学生知识能力的更有效发挥提供内驱力的保障。此外，通过对知识的探究和行为过程的实践，要让学生在这个过程中获得相应的情感体验，这是从学习的外部条件向内部动因转变的关键性过程。教育的目的不仅仅是让学生获得相应的知识技能，这种技能要发挥效力，必须使之转化成必要的能力，而要使这种效力发挥良好的作用就必须使之以意识的形式固化，这样教育才真正起到了"教书育人"的作用，也为学生的自身发展奠定了良好的基础，为教育向良性方向的循环提供了方向。

第一，注意过程体验中的自我养成。在情感教育内容实施过程中教师应当力争让学生自主发现，自主总结、自主养成。不是通过形式化说教，这样反而会使学生产生厌学心理。保证学生的自主发现，就必须在教学方法的选择和实施上认真考虑。

第二，创设真实的体验情境。教师应当在教学设计中让学生在获得相应的化学学习情感体验的同时，让学生体会到具有这些品质的意义。所以教师不但要为学生提供真实的情感养成情境，还要为学生提供相应的应用情境，促进情感的内化。具体原则在教学方法中继续讨论。

第三，提供有效的言语指导。有效包括"促进性"和"实效性"两个层面的意思。所谓"促进性"就是教师的指导是为了使学生更好地发展，所以教师应当考虑学生的自身情况，实现有效的换位思考，为学生发展提供帮助。"实效性"就是教师应当注重言语指导的时机，不是在所有时候都要提供指导，也不是说指导等同于讲授，"有效的指导不意味着让学生马上理解"。有效的言语指导的真正意义是"引导"与"激发"的作用，以使学生有效地完成探究过程，但应当注意"有效"不意味着"顺利"。

3．合作交流讨论，建立新知结构

开放式教学不但要有开放的教育模式，还要培养开放性的个体，培养学生交往的技能及分享、合作态度是一项重要内容。在分享中的彼此激励才能帮助学生有效地看见自己与他人的差异性，主动建构自己的知识体系。与个体单独活动及集体活动相比，合作交流对实现这方面的目标具有独特的作用。以开放式教学小组活动的形式展开积极的讨论，可以帮助学生提供更广阔多元的开放思路，整个的学习过程都可以在其中进行：从合作协商修正开放问题，到分工合作分析讨论问题，再到交流研讨广泛讨论不同思路想法得出结论，到共同行动拓展实践意义，最后组内反思评价整合差异性。

4．反馈调节巩固，加强运用变式

反馈是课堂教学的一个重要环节，是实现有效控制的主要手段。它是学生深化、巩固所学知识的一个过程，也是教师了解学生掌握知识、发展思维、强化能力程度的一个重要手段。其主要是通过课堂练习的形式，要达到开放性的原则，课堂练习应当采取分层次进行的原则，但是课堂教学实践有限层次不能过多，分为三个层次比较适切。另外，注意化学习题"变式"的应用。提供概念变式，原理变式加强反馈练习的多元性，也使学生能够对于所学习的知识更加灵活，对知识的掌握更加准确。

5．多维拓展创新，评价作业反思

首先要求学生反思自己的思维过程，完成知识的思想，总结规律，提取方法。另外，可通过开放式练习题的讨论实现多维拓展创新。还可以通过自编题来实现拓展、创新。自编题是学生在对知识、问题有较深刻的理解的基础上才能完成，它需要综合各方面的知识进行创造性的思考，它是使学生的主观能动性得以充分发挥的有效措施，也是丰富课堂内容的有效方法。

综上所述可见，其教学设计呈现出开放性特征：教学题材来自教材，来自生活，来自学生，在情境化中强化学生问题意识；课堂上教师提供开放问题，学生可以修正讨论；并通过交流合作形成多元化的共性意见；设计的练习呈现条件开放、结论开放策略开放；结合评价的多种方法，开放性的评价，真正实现开放式课堂教学的开放性、主体性、过程、适度、探究、合作。

第五节　高中化学教学中的微课导学模式

"所谓微课导学模式的优势可以从课前预习、课堂教学、课后复习三个环节中进行体现。"[1] 高中化学中运用微课导学模式能够引导学生在课余时间进行自主学习、分组学习、合作学习，高中学生在课前预习阶段、课堂教学阶段和课后复习阶段通过主动对知识点进行预习、对知识点原理进行研究和探讨、对知识点原理提出疑问和总结等步骤能够深化知识点的内涵。高中化学教师在教学过程中利用微课来开展微课导学模式，利用创设情境化教学模式、分组分层教学模式等组织教学活动，在教学的整体过程中凸显出学生在学习中的主体性地位和教师在教学中的"辅助者"角色，以此提高高中化学的教学效率。

一、高中化学教学中微课导学模式的作用与意义

（一）能够突出学生在化学学习中的主体性

高中化学教学过程与微课导学模式的融合最大的作用与意义是突出了高中学生在高中化学学习中的主体性，让学生全程参与到教学过程中，高中化学教师利用微课引导学生成为学习的主体。在前期，高中化学教师利用微课平台，把即将学习的教学内容的相关微课教学视频分享给学生，让学生在课前先对知识点进行预习，将自身有疑问之处进行标记，并且找出知识点的重点和难点，先理解浅层的知识点，便于后期教学的深入推进。在此过程当中，学生通过微课进行预习，在实际的教学过程中也会针对自己有疑问的地方有针对性地向教师进行请教，在课堂教学中也会重点听不懂的知识点内容，从而帮助学生提高自身的听课效率。从课后复习阶段而言，学生通过微课中的教学资源对自身当堂课所学的内容进行加深和巩固，以达到深入理解和提升自身学习水平的目的。

（二）利于化学教师有效开展科研教学工作

高中化学教学过程中利用微课导学模式无疑是给高中化学教师带来巨大的挑战。对于

---

① 曹益民. 微课导学模式在高中化学教学中的实践研究 [J]. 数理化解题研究，2022(12)：125.

高中化学教师而言，尤其是部分资历较深、年级较大的高中化学教师而言，其学习先进的科技技术手段较慢，对于接受现代化教学手段有一个适应期，所以在开展微课导学模式过程中，尤其是在教学方案设计过程中，需要对教学内容进行全面的了解、精准的提炼，对教学内容进行分析、思考和研究，在课后复习环节当中，教师也需要对高中学生的实际学习情况进行了解和调查，做到反思和优化。在整个过程中，高中化学教师需要利用终端进行操作，所以在操作过程中和对于微课平台的使用过程中对高中化学教师提出了更高的要求。基于以上的作用分析，微课导学模式与高中化学教学的融合需要高中化学教师在提升自身业务能力的同时学习先进的科技手段。

（三）有效实现学生科学素养的培养与提升

化学知识的学习，帮助学生建立学习能力，充分掌握化学知识的学习方法，体会到化学知识的实验探究过程。在日常的化学实验教学当中想要实现对于学生化学素养的培养和提升，教师就应当针对教学当中的理念进行不断的创新与完善，积极应用现代化的教学理念，运用科学化的教育思想，实现学生化学综合素质的有效提升。若想在化学实验教学中有效创新，首要任务就是培养学生的创新思维，才能使学生成为具有创新精神和较强实践能力的综合性人才。实验探究是基于实验教学的一种学习方式，是科学精神和探究意识的结合，在课堂中合理地应用可以有效地提高教学质量，让学生感受到化学实验知识的状态，帮助学生提升学习能力，充分掌握化学知识的学习方法，体会到化学知识在实验探究过程中的应用。对此，教师应当重视实验探究的情况，转变传统的教学模式，让化学探究成为教师与学生沟通的桥梁，让学生体会化学、学习化学，在知识的研究中养成化学核心素养。所以，在化学的教学当中，教师要做到对化学知识的有效整合，使知识内容具有较强的系统性，通过对学生的思维能力和思路的不断激发，提升学生在实验当中对课本知识内容的有效运用，从而实现由理论到实践的转变，促进学生实践能力的提升。

二、高中化学教学中微课导学模式的实施策略

（一）微课导学模式的课前预习阶段

在化学教学中，遇到一些比较抽象以及难以理解的知识点时，化学教师可以合理借助微课为学生进行讲解，让学生更加清楚地理解知识点中的内涵，并为学生构建各个化学概念的有效结合，使学生更加全面地掌握化学知识点以及概念的合理运用和延伸，为学生的自主学习搭建平台，让学生在学习时感到轻松、愉快，进而保证学生理解化学知识的完整

性以及全面性。

　　以高中化学教材的"金属的电化学腐蚀"教学为例，由于本章的教学内容归属于电化学的知识点内容，为了满足高中学生对于电化学学习内容的求知欲，高中化学教师在课前预习阶段先将教学导案发送给学生，让学生对教学导案进行观看和学习，在教学导案中重点标明金属发生电化学腐蚀反应的原理，让学生对金属腐蚀的危害有一个初步的了解。在发送了教学导案之后，教师针对本章教学内容进行教学方案的设计，针对析氢腐蚀和吸氧腐蚀的原理，高中化学教师利用微课平台制作出"金属的电化学腐蚀"的教学短视频，并在微课平台中进行分享。学生在观看了短视频之后填写教学导案的内容，并标记出自己有疑问的地方。

（二）微课导学模式的课堂教学阶段

　　在微课中，可以将每一个化学知识点都做到透彻的解析以及详细的说明，并将每一个知识点进行关联，这样不仅可以为学生构建更加合理的知识框架，也能加强学生在化学学习当中的方向性，并且快速进入学习状态，使新旧知识有效融合，有助于学生形成正确的观点以及态度，从而提高学生的核心素养。在课堂教学阶段可以通过情景教学导入、答疑解惑、实验探究、归纳总结和习题练习四个步骤开展教学工作。首先，在情景教学导入环节当中，教师利用微课平台将学生生活中常见的出现腐蚀情况的金属进行展示，然后将金属腐蚀的危害对学生进行教学，结合生活中的实际案例让学生直观地了解金属腐蚀的危害；在答疑解惑当中，对学生进行分组，引导学生开展分组式讨论，每个组抽出一名学生汇报自己的学习收获和对知识点的疑问，教师对疑问进行收集，并在教学中重点讲解；在教学中针对"金属的电化学腐蚀"的教学内容开展实验探究教学，在两支不同的试管当中分别加入 5mL 硫酸和 1g 纯铁粉、1g 纯铁粉和 0.5g 炭粉，通过实验观察后提出疑问：哪支试管产生气泡较快？并分析其原因。学生通过记录实验的变化情况，制作成简短的微视频，在课后便于自己进行回顾；在归纳总结环节当中，教师和学生针对实验现象、实验原理、自身预习阶段所产生的疑问进行归纳和总结，帮助学生在脑海中形成系统化的知识点概念；在习题巩固中，教师通过微课平台发布相关教学内容的习题，引导学生进行练习、运用和巩固。

（三）微课导学模式的课后复习阶段

　　化学是一门以实验为主的学科，想要提升学生化学的综合能力，教师应当指导学生积极参加化学实验，让学生全面掌握化学实验的技巧，并且积累丰富的实践、实验经验。合理运用微课可以帮助化学实验课程达到高效率，遵循化学学科的发展规律，从实验前、中、后等实验方面进行完善,进一步提升学生的思维,从而激发学生对于实验课的积极性,提高教师的实验教学水平。对此,在课堂教学中,教师应当对教学内容进行讲解,并且对教学难点、教学重点进行总结。而在课后复习阶段,教师对教学导案、教学方案和微课视频中不完善的部分进行补充,并且精减后发送给学生。学生在浏览了教师发送的教学资料后完成课后作业练习,对于不清楚的部分通过微课教学视频也能够及时做到回顾和巩固。

总体而言,微课是新课改革所提倡的教学模式之一,使化学教学质量有着质的飞跃,并且增强了学生的思维逻辑能力以及创新意识。对此,教师应当不断地进行完善以及创新教学模式,将化学教材中的理论知识内容进行简单化,将实验的内容进行生动形象化,进一步吸引学生对于化学学科的学习兴趣,帮助学生在微课当中进行完善。对此,微课导学模式从学生和教师的实际出发,已经成为未来教学模式的风向标,所以高中化学教学工作者在教学过程中应该积极运用微课导学模式。

第六节　基于微课的高中化学混合教学模式构建

一、基于微课的高中化学混合教学模式构建原则

第一,微型化原则。基于微课的混合教学模式,是以微课为辅助来开展的,那么首先在课程资源设计上要体现出"微",不仅仅只是缩短课堂上教师授课的时间,同时要在内容上体现出微型化,高中化学学科知识较多并且琐碎,因此,"在设计微课资源之前要合理选择有价值、有代表性的内容,将知识由繁化简、由抽象化形象,以最大限度地发挥微课程在化学教学中的作用,并为教学活动提供更大的帮助"[①]。

第二,实践性原则。"实践出真知",在实验性较强的化学学科,实践是尤为重要的,在传统化学学科教学中,教师较为注重理论知识的讲授,在部分人看来,理论知识掌握得扎实更有利于在考试中取得好的成绩,但却忽略了理论知识是要建立在实践的基础之上的,只有亲身实践过才能够深刻理解理论知识的内涵;尤其是以实验为基础为根本的化学学科,教师必须注重学生的实验技能的培养,引导学生将理论知识付诸实践,提高他们的科学素养。

第三,目的性原则。虽然传统的教学模式存在问题,但也有不可替代的优势,那么为何要在传统教学模式的优势下构建新的混合教学模式,这就必须明确其目的性。由此可见,

---

① 孟晓慧.基于微课的高中化学混合教学模式研究与实践[D].南宁:广西民族大学,2019:22.

构建基于微课的高中化学混合教学模式是为了改善传统教学模式中存在的以教师为主体，忽略学生全面发展的弊端，通过线上线下的混合教学，做到以学生为中心，使学生能够在学习中得到思维的解放，考虑到学生综合素质的提升，使学生能够根据自身情况得到全面发展。

第四，系统性原则。基于微课的高中化学混合教学模式的前端分析，开发设计，模型构建以及教学实践是一个环环相扣的系统化过程，其中每一个环节都有必须考虑到的多重因素。例如模型构建环节需要考虑到课前学习，课上活动，课后反馈测评等，每一个因素都是该模式正确构建并能得以成功实施的重要影响因素。因此，该模型的构建以及实施必须在相关理论基础的指导下充分协调各个因素之间的关系，使整个过程实现系统化。

二、基于微课的高中化学混合教学模式构建策略

第一，注重微课资源的适用性。在混合教学模式中使用微课辅助教学对于改变传统教学模式具有一定的意义，但这些微课资源的使用必须合理，才能达到效果。在不同的学科教学中或者在某个特定学科的不同类型课程中，教师要选择合适的微课资源。例如，在高中化学教学中，实验类的课程中应该选择实验微视频激发学生的好奇心，提高学生的求知欲；在理论教学中，教师应该以动画的形式选择微课程视频来形象化抽象知识，这有助于学生深刻理解知识的内在含义。同时，微课程只是辅助教学，教师应善于将微课教学与讲授教学相结合，发挥各自优势。因此，构建混合教学模式特别强调如何正确、高效地制作和使用微课资源，有助于新时代的教师和学生创造顺应潮流的、适合发展的现代化网络学习环境，获取丰富的学习资源和知识。

第二，明确教学环境的泛在性。教学环境的质量直接影响教师的教学心理和学生的学习乐趣，从而影响教师的教学质量和学生的学习效果。在传统的教学环境中，教室里只有单一的黑板、粉笔等教具，教师和学生日复一日地在这种环境中教学和学习会使学生很难调动学习热情，学习成绩也会下降。在教育改革中除了改革传统的教学模式也要考虑到教学环境的改变，如在具有多媒体的教室里，教师在课前可以播放音乐来调节氛围，帮学生驱赶睡意，从而使其在课堂中能够以一种积极的状态投入学习。因此，营造一个良好的、轻松的教学环境，是实施高效教学的必要前提，混合教学模式能够营造二维教学环境，解决教学环境单一性，达到良好的教学效果。

第三，实现教学模式的混合性。任何事物都具有两面性，教育改革同样没有例外，也存在一些不可避免的弊端。传统的教学模式具有学生学习积极性不高、缺乏主动性、教师引导过多等显著的缺陷，在教育改革的进程中正在慢慢改善这些问题，也有越来越多的新型教学模式被应用到各个层面的教学中，逐渐获得了令人欣喜的成果，但是在新型教学模式的开发实践中不能完全取代传统教学模式，要发现传统教学无可替代的优势，如教师可以充分发挥引导作用，全面监督学生的学习状态并使其及时总结反馈，提升学生自我反省的意识。因此，构建混合教学模式无论是在教学方法、教学模式、教学体系等方面都要能够站在一个制高点，不是完全脱离传统教学，也不是完全使用信息化教学，而是在这两者之间，取其精华，去其糟粕，有效地将传统教学与信息化教学相结合。

第四，衡量不同学生的差异性。注意每个学生的学习情况，了解每个学生的身心发展，尊重每个学生的个性特征，是教师在教学中必须做到的基本要求，即根据不同学生之间存在的互异性，做到因材施教。在实际教学活动中，不同的学生面临不同的困难，可能会提出许多不同的问题，而教师在时间有限的课堂上很难做到有针对性回答每一个问题，那么在混合教学模式中，教师就可以将学生课前预习后提交的疑难问题加以分类整理，在课堂教学中针对提出疑问较多的内容集中讲解，对于个别问题让学生在合作交流环节自行讨论解决，如果解决不了再由教师解答，这样就能做到在教学中尊重学生差异，满足每一位学生的个性化发展。

第五，提高学习活动的意义性。在新型的混合教学模式中，教师要设计区别于传统教学的教学活动，使学生能够明显感觉到新型教学模式的优越性以及趣味性。例如，在课堂教学中可以增加小组讨论、问题交流等合作的方式，提高学生合作探究的能力，培养学生的发散性思维，增添师生之间的感情；在课后可以组织学生进行各种游戏、竞赛，不仅能巩固学生在课堂上学习到的理论知识，也能使学生意识到他们之间存在的学习竞争力。通过组织多样性的教学活动，让学生充分体验到混合教学模式带给他们的乐趣，并在这些活动中学习更多的知识，培养更多的能力，这样才能体现出学习活动的根本意义所在，才能发挥混合教学模式的最大优势。

第六，加强学习能力的全面性。在一个完整的教学活动中不仅仅要教授学生学科知识，更要考虑到培养学生的核心素养，在教育改革大趋势下，学生必须根据自身情况提高学习能力，做到全面发展才能跟上时代潮流，才能不被社会淘汰，必须要有良好的逻辑思维能力、探究创新能力、团队协作能力等。良好的教学模式对于培养学生的综合素质具有好的影响，在信息化社会环境下，学生不能只关注于课本知识，要放远眼光，培养自己的科学素养和信息素养。在本书构建的教学模式中应强调学生学习能力的全面培养，让学生能通过线上线下的学习，根据个人知识的深度挖掘、深度思考来形成对客观事物和问题的独到见解，从而针对不同问题都能得出最好的解决方案，注重学生的全面发展。

第六章 微课在高中化学教学实践中的应用

第一节 微课在高中化学教学实践中的应用价值

一、微课在教师开展高中化学教学中的价值

（一）微课实现教师备课电子化

备课是教师准备课堂教学的必要阶段，也是教师制作微课、创造资源的能动过程，是教师将教学智慧加注于微课的实施过程。因此，教师可以将自己对教学内容的主观界定、知识分割与模块处理应用于微课中，使微课成为教师备课的信息载体、教学内容的转换展示。微课资源都来源于教师的课下准备工作，也是教师指导学生进行信息探究、知识诠释的目标导引、可实现备课电子化。

例如，在"化学实验基本方法"的备课活动中，教师可以将这部分内容科学分割为多个知识模块，并分别制作成多个微课资源，分别承载仪器的名称、仪器的功能、仪器的使用方法、可加热的仪器类别、图标的含义等。例如在"可加热仪器"中，教师要为高中生列举试管、烧杯、烧瓶、锥形瓶、蒸发皿、坩埚等仪器，不仅要有非常清晰的图片，还要标记具体的名称、功能以及使用方法，借助图片信息以及文本信息等，帮助高中生初步了解这些仪器的名称、功能与使用方法，帮助学生有效积累实验器材的相关信息。

（二）微课实现教师教学次序化

微课资源体量小、内容精、知识纯，因而微课一般只承载一个知识点。教师在化学教学过程中，要引导学生探究多个知识点，自然就需要多个微课资源进行支持。这样，教师在使用多个微课资源引导学生进行知识探究时必然会有顺序地安排微课资源依次出现，从而使化学教学表现出一定的次序化。因此，微课资源在即点即用中，为教师的化学教学提供服务，且呈现出顺序性。

例如，在"离子反应"的课堂教学过程中，教师为学生提供的微课资源包含："电解质与非电解质""强电解质与弱电解质"和"电离的定义以及电离方程式"等。高中生可以在"电解质与非电解质"的微课之中了解到：电解质是在水溶液或熔化状态下，可以导电的特殊物质；而非电解质则是在水溶液或熔融状态下，均不导电的特殊物质。因此，学生不仅能获得关于"电解质"与"非电解质"的基本概念，还能获得一系列实例加以验证基本概念，而这些微课还能与后续微课资源形成一定的次序化。

（三）微课实现教师教学精准化

微课资源短小精悍，虽然涉及知识点较少，却拥有立足一个点进行深度挖掘、全面剖析、立体建构的优点，能实现对一个知识点的高质量处理、高精度总结。因此，教师在化学教学过程中，使用微课资源时必然能为学生提供良好的教学资源，切实提升教学活动的精准性、具体性、优质性与实效性。微课是教学内容的有效载体，因而微课资源自然能促进化学教学的精准化开展。

例如，在"金属的化学性质"的课堂教学过程中，教师为学生提供了"金属的存在状态及排列前5位的金属""金属的通性""金属与非金属反应""金属与酸反应""金属与水反应""金属与盐反应""金属与碱反应"等微课资源。每一个微课资源都详细地为学生归纳了对应的化学知识，而且，教师可以按照先后顺序为学生依次展现，并带领学生逐个探究，以此提升微课资源的精准性、具体性与有效性。因此，微课资源可以发挥出自身"小而精"的优势，大幅促进学生认知环境的优质发展。

（四）微课实现教师教学便捷化

在化学课堂教学中，教师利用微课资源承载教学内容，可以用微课资源指引学生的课堂探究、合作学习与互助成长。由于微课资源都是课下处理好的教学内容的信息承载体，因而教师能非常便捷高效地使用微课资源指引学生的知识学习与能力训练。教师提前准备好的微课资源，能在即点即用中随时帮助教师开展化学教学，因而展现出微课资源的便捷性，也推动了化学教学便捷化发展。

例如，在"富集在海水中的元素——氯"的课堂教学过程中，教师在课堂教学中，可以使用"氯气的物理性质""氯气的化学性质""氯气的用途""氯气的检验"等微课资源。每一个微课资源都是教师提前准备好的教学资源，教师只需要在课堂教学过程中即点即用。由此可见，微课资源展现出非常良好的便捷化、简易化与实用化，是不可缺失的教学辅助资源。

二、微课在学生进行高中化学学习中的价值

（一）微课实现学生预习先进化

预习是学生开展课堂合作、集体探究、友好交流的信息储备过程。因而在预习中应用微课，可以帮助学生更好地进行信息积累与知识诠释。因此，教师可以在学生进行课下预习活动中提供微课资源，以微课指导学生进行精准、高效、科学的课下预习活动，为学生教师指导。微课资源使用方便，任何移动设备上都可以使用，因而学生可以在课下预习中可以随时使用、随地使用，体现了预习的先进化。

例如，在"化学能与热能"的课下预习过程中，学生可以通过教材内的文本信息，以及教师提供的微课资源的双重指引下，初步掌握"化学反应中能量转化的原因""化学能与热能的相互转化""焓变与反应热的内涵""热化学方程式的内涵""能源的重要性"等教材内容。

（二）微课实现学生认知自主化

微课资源是教师在备课过程中提前准备好的教学资源，可以辅助学生进行高质量、高效率的自主学习、合作探究与互助成长，而且学生可以根据微课资源中的信息提示，自主地选择自己喜爱的微课资源进行学习。因此，微课资源能确保学生主体认知的自主化与个性化，让学生拥有自己抉择、独立使用、自主学习的权利，享受到更加独立自主、宽松自由的学习环境。

例如，在"化学能与电能"的自主学习过程中，教师可以为学生提供"单液锌铜原电池""双液锌铜原电池""电解原理的应用""电镀与电冶金"等微课资源。这样，学生就可以在微课资源的支持下，进行较为独立自主的课堂探究以及合作学习活动。而且，学生可以在脱离教师科学指导的情况下，借助微课资源获得良好认知效果与理解深度。微课资源能为学生的自主学习，信息诠释以及能力训练提供隐形的教师指导，而使教师可以暂时远离学生的自主学习过程。

第二节　微课在高中化学实验中的应用研究

一、微课在高中化学实验中应用的优势

（一）帮助学生理解教学重点与难点

在高中化学实验教学中，由于每个学生对知识的理解和接受能力不同，教师如果想让所有的学生都理解和接受重点与难点十分困难。微课能够在一定程度上改变这种教学局面，化学教师可以将实验课程中的重点和难点制作成微课，上传到网络上，供学生进行学习和梳理。一般情况下，微课是以小视频的形式制作的，微课的时间较短，并且其内容都是教学当中的重点和难点，学生在观看视频的时候，可以对要学习的内容进行预习，也可以对学过的内容进行复习。所以，微课的出现，在一定程度上解决了化学教学过程中的重难点问题。

（二）不受时空限制展示化学实验过程

化学实验可以加深学生对知识的理解，提高学生的动手能力，培养学生的学习兴趣，但是高中化学实验教学中，有很多的化学实验时间长、现象不明显、不易操作，传统的实验教学不能满足学生的求知渴望。在实验教学当中，引入微课能够将实验过程以视频的形式展现在学生面前，让学生了解这些实验的原理、步骤、结果等，加深学生对实验的认识，提高学生的学习兴趣。

二、微课在高中化学实验中应用的形式

（一）利用微课对实验内容进行预习

化学实验课程中的教学内容比较特殊，学生对其很难像化学原理和化学概念等知识一样对其进行预习。微课可以将实验教学内容中的文字、图像、视频等有机结合在一起，让学生进行交叉学习，对实验教学内容进行有效的预习。例如，在学习"氢氧化铝的两性实验"时，教师就可以先将所需的试剂、相关的操作步骤、实验现象等内容制作成微课，在学习本节课前，让学生对微课进行学习。通过对微课的学习，学生了解到了各种试剂的浓度，氯化铝溶液和氨水反应生成沉淀，氢氧化铝在盐酸溶液中溶解，生动形象的视频展示，

在提高学生学习兴趣的同时也达到实验预习的目的。

（二）参照微课对实验内容进行实战演练

高中化学实验课程是一项考验学生动手能力的课程，在进行化学实验的时候，学生亲自动手进行操作，熟悉实验仪器的使用方法和实验过程，增强自身的动手能力和化学素养。在实验操作过程中，微课的引入可以给学生提供参考，让学生了解实验仪器的使用方法、实验现象和注意事项，从而有利于学生的实际操作和对实验结果的验证。例如，在学习"浓硫酸的性质"课程的时候，根据教学要求安排"浓硫酸和铜的反应"实操实验，在实验开始之前，教师先让学生观看一遍微课教程，熟悉操作步骤，根据微课的介绍，将实验仪器进行组装，并检查装置的密封性；根据微课中"紫色石蕊试剂变红，品红溶液褪色"的现象来验证自己的操作是否成功；假如没有出现这种现象，再检查各个环节是否出现问题，找到问题后，采取正确的措施继续进行实验。

第三节　信息技术与高中化学教学深度融合的教学实践

一、信息技术与高中化学教学深度融合的优势

信息技术可以高效地将化学教学主要内容与相应的课程资料进行有机结合，完备充实化学科目知识，同时将课程理念以崭新的形式表现出来，并使学生的学习模式、教师的教学手段、教师与学生之间的互动产生相应的变化。信息技术与化学教学的深度融合，可以有效提升教学成效，同时信息技术与教学资源的深度融合，也有益于化学教师发挥自身所具备的引领作用，实时把握教学进度，高效进行课堂教学组织。化学课堂教学中的一部分提问，以及交流讨论环节可以与信息技术相融合，为学生构建一个信息化的学习环境，从而为课堂知识性的教学增加趣味性，让学生在学习进程中自主应用信息技术进行知识的学习、实践与反思。长期以来，我国教育教学改革受到各界的高度重视，改革的步伐也正在不断加快，教师应加快引进和利用现代信息技术，革新化学教学构造，补足教学中的不足，促使化学课堂教学成效得到进一步提升。

二、信息技术与高中化学教学深度融合的措施

（一）创设教学情境，激发兴趣

教师要创设合理高效的教学情境，激发学生学习热情。创设构建合理高效的教学情境，

让学生处于真实的自然环境，或者是社会环境之中，在这一过程中，教师可以应用现代科学信息技术构建与学习内容相关联的情境，先将所有学生的课堂注意力引导到学习的中心环节上，再通过提出相应的问题，引领学生进行深刻有效的思考，帮助学生明确知识内容的来源与框架，并能够更加全面有效地汲取新的知识内容。

例如，化学教师在向学生讲授"乙烯"的相关知识时，如若教师直接将教材之中的内容，向学生进行理论性和抽象的讲授，学生会感到十分乏味单一，因此，教师可以先使用多媒体大屏幕向学生展示各式各样的水果照片，将学生的注意力吸引过来，激发学生的兴趣和好奇心。在学生观看各种水果的同时，教师可以向学生提问，经由问题的引导和解答，可以有效激起学生的探索心理与学习渴望，之后教师就可以引出本节课将要学习的内容——乙烯。通过这种教学模式，不单单可以让学生的学习热情更加高涨，同时还可以将化学知识变得贴近实际生活，让学生在真实生活的情境中，更好地融入知识的海洋。

（二）利用交互教学方式，引领自主学习

教师可以用交互教学的方式引领学生自主学习。教师作为化学课堂教学的引领人与创设人，学生的帮助者与推进者，可以进行课堂教学的加工与再造，同时还可以自主进行知识框架的构建，以更好地把控教与学的进度，帮助学生理解和掌握。教师应以学生为情感体悟以及教学的中心，应用交互式教学的方式引领学生自主学习，最大限度发挥出信息技术在实际教学进程中的作用。

例如，教师在向学生讲授高中化学"水的净化与污水处理"时，教师就可以将学生划分为小组形式，让学生以小组为单位进行研究性探索实验，同时，以教师自主制作的动画为引导，让各小组进行讨论分析，并依据动画视频内容自主设计最为合理的滤水装置。学生在进行讨论的进程中会持续不断地发现相应的问题，在教师帮助下摸索出合理的处理方式后，可以最大限度体悟探究性学习的乐趣，以及合作学习的积极作用。

又如，教师在教授关于"有机物"的相关知识时，可以引领学生应用信息技术手段中的画图工具绘制比例模型等。有机物的同分异构体书写是化学课堂教学中的重点与难点，以往的教学方式多为教师授课后学生进行练习，如若教师可以革新教学方式，一边讲解一边让学生应用信息技术手段进行模型的绘制，会有效加深学生的记忆，更好地帮助学生提升有序思维与化学素养。

最后，教师还可以将微课作为辅助手段进行教学。在化学教学中，教师也要重视应用更先进的手段辅助教学，充实化学课堂。在实际教学中，化学教师可以在课堂开始前，利用收集的相关微课资源，在课程导入阶段给学生播放微课视频，带领学生对已学知识进行复习。化学教师还可以将原本要在课堂中讲解的部分知识转移到微课中，并适当进行知识

的拓展，让学生通过观看微课，进行自主研究思考。教师也可以额外加入一些问题，来引导学生进行独立思考，并鼓励学生观看后交流讨论，在交流中激发和形成新的思路，实现互相促进的效果。

总而言之，信息技术的大范围推广和应用，对于教学的改革与发展而言，起到了重要的推进作用。信息技术与化学教学课堂的深度结合，是教育信息化发展的必然趋势。信息技术与高中化学教学的深度结合，是一项需要长期探索与研究的任务，这一工作的开展，定会促进高中化学教学成果与质量的持续提升，进一步发挥信息化对于教育教学革新的推进作用。

第四节 "互联网+"视角下高中化学教学生活化的应用实践

一、"互联网+"视角下高中化学教学生活化的重要性

（一）优化教学模式

"高中化学是高中阶段一门重要的学科，其在高考中有着重要的地位。"[①] 纵观近些年教育的发展历程，生活化教学越发地受到重视。尤其是在高中阶段的教学过程中，应用生活化教学更是成为高中教育契合新课标要求、契合现代化教育的必经之路。生活化教学为高中化学教学模式的革新以及优化带来了更多的可能性。"随着互联网技术的不断革新，信息技术给学生提供了新的学习方式。"[②] 在"互联网+"背景下，生活化的教学更具渗透力地融入高中化学教学过程中，优化并完善教学模式，促进并改革教学方法，进而切实提高教学质量和教学效率。在互联网的协助下，生活化教学有了更多的方向和途径，并且慢慢成为契合学生认知特点、符合学生发展需要的教学模式，进而为促进高中化学教学发展助力。

（二）改变教学氛围

现代化的信息技术和网络技术应用到高中化学生活化教学中，不仅使得传统课堂突破了时空局限，还实现了学生可以随时随地学习的愿望。这种依靠移动终端和计算机网络的

① 张洪良."互联网+"视角下高中化学生活化教学的实践简析 [J]. 中学课程辅导（教学研究），2020，14（15）：147.

② 杨健宇."互联网+"视角下高中化学教学生活化的实践探究 [J]. 中学课程辅导（教学研究），2020，14（14）：170.

教学模式，能更好地活跃课堂气氛，促进学生的个性化学习，使得学生能够更加积极地深入课堂当中，回归到课堂主体的位置，成为生活化教学的"主角"。由此可见，充分发挥生活化教学和互联网在高中化学教学中的优势，对活跃课堂气氛，实现教育的现代化发展和规范化创新，具有非常积极的现实作用。

二、"互联网+"视角下高中化学教学生活化的策略

（一）生活化的高中化学课堂教学

在"互联网+"背景下，高中化学生活化教学可以从打造智慧课堂展开。智慧课堂不仅涵盖多媒体设备，还包括智能评价体系；不仅对学生的学习兴趣起到积极影响，还对教师更新教学模式有着积极作用。作为现代化教学手段之一，首先，智慧课堂可加强教师与学生之间的交流，同时还可以使化学问题的展示更加具象清晰；其次，教师可以通过互联网引导生活化教学，根据学生的实际情况调整教学内容，进而更加灵活地进行课堂教学；最后，教师开展随机测验和随堂测试，进一步巩固和加强学生对知识的理解程度，以此构建高效的生活化课堂教学模式。

（二）生活化的高中化学实验教学

通过互联网技术，能够让高中化学沿着生活化教学服务的方向发展。例如，在日常生活中，洗衣物通常用的是洗衣粉，但是一旦衣服出现了难以去除的污渍，洗衣粉也很难清洗干净。这个时候，教师可以导入铁与草酸反应生成氢气和溶于水的盐的相关知识，并通过多媒体播放网络视频或展示图片的方式，让学生根据问题进行实验。需要注意的是，在实验开始前，教师应要求学生根据课本内容进行思考。学生在生活化问题和多媒体的引导下，学习了铁和草酸的反应，弄清其脱色原理。通过这种教学方式，不仅让学生通过互联网技术直观地了解到化学变化，还能学以致用，解决生活中的一些问题，使学生对化学知识更感兴趣。由此可见，教师可充分利用互联网技术，通过课程引导的方式，更好地为生活化教学服务。

总而言之，对于高中化学生活化教学而言，互联网的作用是不容忽视的。在实际教学中，教师应发挥引导作用，正确、合理、有效、规范利用互联网来帮助学生学习化学知识，提升生活化教学效率。

参考文献

[1] 昂娟. 微课设计、制作与应用 [M]. 合肥：中国科学技术大学出版社，2021.

[2] 郑光黔. 高中化学教学方法与实践 [M]. 长春：吉林人民出版社，2020.

[3] 魏兵，郭玉玮，于俊美. 化学教学策略与案例分析 [M]. 青岛：中国海洋大学出版社，2018.

[4] 孔令鹏. 高中化学新课程理念与教学实践 [M]. 北京：商务印书馆，2005.

[5] 赵刚，袁红娟，陆海峰. 高中化学课堂教学与体系构建 [M]. 长春：吉林人民出版社，2019.

[6] 张玉凤. 微课在高中化学课堂教学中的有效运用 [J]. 新课程教学（电子版），2021（11）：154.

[7] 宋雪. 高中化学生活化教学模式研究与实践 [D]. 大连：辽宁师范大学，2016：28.

[8] 高广东. 高中化学教学中的有效教学理念探析 [M]. 长春：吉林人民出版社，2019.

[9] 曹益民. 微课导学模式在高中化学教学中的实践研究 [J]. 数理化解题研究，2022（12）：125.

[10] 孟晓慧. 基于微课的高中化学混合教学模式研究与实践 [D]. 南宁：广西民族大学，2019：22.

[11] 杨庆利. 基于核心素养的高中化学支架式教学设计研究 [D]. 聊城：聊城大学，2017：22.

[12] 武艳. 基于核心素养的高中化学大单元教学设计探讨 [J]. 安徽教育科研，2022（21）：48.

[13] 倪晶晶，李云峰. 定性定量相结合数字化探究"不同成分胃药功效" [J]. 中小学数字化教学，2023（01）：70.

[14] 杨兴元. 任务驱动教学法在高中化学教学中的应用探究 [J]. 学周刊，2022，22（22）：

22.

[15] 张洪良."互联网+"视角下高中化学生活化教学的实践简析[J].中学课程辅导（教学
研究），2020，14（15）：147.

[16] 杨健宇."互联网+"视角下高中化学教学生活化的实践探究[J].中学课程辅导（教学
研究），2020，14（14）：170.

[17] 李书霞."目标、情境、活动、问题"四步落实化学核心素养[J].基础教育课程，2019
（03）：79-84.

[18] 李晓凤.化学"情境式"微课的产生与应用[J].产业与科技论坛，2020，19（07）：
204-205.

[19] 卢伟民.新课改背景下高中化学有效教学策略研究[J].家长，2021（33）：117-118.

[20] 罗士富.基于有效情境创设的高中化学教学设计研究[J].中学课程辅导（教师通讯），
2021（13）：19-20.

[21] 弥佳杉，王晓丽.基于创客教育理念的高中化学实验教学模式探究[J].内蒙古师范大
学学报（教育科学版），2019，32（08）：94-98.

[22] 屈东平.高中化学教学中的研究性学习方法[J].试题与研究，2021（31）：61-62.

[23] 邵传强.指向核心素养的高中化学引入真实情境的教学探索[J].中学化学教学参考，
2018（09）：12-15.

[24] 邵香君.高中化学新课程教学中问题情境创设的策略分析[J].学周刊，2021，32（32）：
97-98.

[25] 沈旭东.普通高中化学学科核心素养的教学理解图式[J].现代中小学教育，2019，35
（01）：41-44.

[26] 唐作钦.高中化学新课程教学中问题情境创设策略研究[J].课程教育研究，2018（38）：
183.

[27] 吴晗清，李敏.高中化学教材中的情境素材分析及教学建议——以"人教版高中化学
必修教材"为例[J].中小学教师培训，2021（05）：68-73.

[28] 徐斌.新课程高中化学课堂情境创设的几点体会[J].内蒙古师范大学学报（教育科学版），
2010，23（06）：141-142.

[29] 张连侠.创设真实主题情境，培养化学核心素养[J].新课程导学，2021（24）：57-58.

[30] 张奇 . 思维导图在高中化学教学中的应用 [J]. 高考，2021（28）：37-38.

[31] 赵礼明 . 高中化学课堂教学情境创建的多元策略 [J]. 现代中小学教育，2017，33（06）：50-53.

[32] 赵玉珍，胡尚生 . 素养为本的高中化学情境教学实践与思考——以乙酸教学为例 [J]. 中学化学教学参考，2021（08）：23-25.